Über sich selbst sagt Iris Lange-Fricke: »Ich bin froh, sagen zu können, dass ich mein Hobby zum Beruf gemacht habe. Bereits als Kind verbrachte ich mehr Zeit in der Küche als auf dem Spielplatz. Und so wurde mir irgendwann klar, dass ich Köchin werden wollte.« Das praktische Können dank ihrer Ausbildung zur Köchin schon in der Tasche, wollte sie aber auch alles über Inhaltsstoffe und deren Wirkungen im Körper wissen und entschied sich, Ernährungswissenschaften zu studieren. Heute ist Iris Lange-Fricke Ernährungsberaterin und kreiert leckere Rezepte, die der Seele schmeicheln und rundum guttun. Bei TRIAS hat sie bereits die »Basische Genießer-Küche« und »Tofu küsst Steak« veröffentlicht.

Dank: Ich danke meinem Mann Sven Fricke und Franziska Schuch von ganzem Herzen, dass beide sich als »Tester« so engagiert in die Rezeptentwicklung eingebracht haben. Mein Dank geht auch an meine Programmplanerin Uta Spieldiener und die Redakteurin Anja Fleischhauer für die gute Zusammenarbeit bei der Erstellung des Kochbuchs.

Iris Lange-Fricke

Detox ganz grün

86 Rezepte mit grünem Gemüse und Wildkräutern

TRIAS

Wildkräutersalat (Seite 75)

Liebe Leserinnen, liebe Leser!

Haben Sie auch das Bedürfnis, wieder etwas mehr für sich und Ihren Körper zu tun und Energie zu tanken? Den Wunsch hatte ich z. B. direkt nach Silvester. Nach den Feierlichkeiten, einer stressigen Zeit vorher und einigen Tagen mit zu viel ungesunden Speisen verlangte mein Körper nach einer ordentlichen Vitaminspritze. Er sehnte sich nach neuer Energie, um den Stoffwechsel auf Trab zu bringen und zu reinigen. Viel Zucker, Fett, Alkohol, Stress und Bewegungsmangel sind für unseren Körper auf Dauer nicht zuträglich. Wir nehmen dabei auch zu viele Fremdstoffe zu uns, die der Körper eigentlich nicht benötigt. Unsere Entgiftungsorgane – Leber, Nieren und Darm – haben jede Menge zu tun und schaffen es gar nicht, diese Giftstoffe richtig abzubauen. Die Galle ist schwer beschäftigt, der Darm wird träge und reagiert mit Magen-Darm-Beschwerden.

Mit meinem Programm »Detox ganz Grün« bekommt Ihr Körper reichlich gute Inhaltstoffe: Er kann entgiften, entschlacken und die Verdauung wird anregt. Enthält der Speiseplan viele grüne Lebensmittel, geht das besonders gut und wirksam.

Viel Freude beim Detoxing!
Ihre Iris Lange-Fricke

Das Rezept zum Cover-Motiv finden Sie auf Seite 101.

Grün essen

Grüne Lebensmittel besitzen jede Menge bio-aktive Substanzen und wirken stark entgiftend, zell-erneuernd, verdauungsfördernd und energiegebend.

Warum Grün uns so guttut

Nicht ohne Grund ist Grün eine meiner Lieblingsfarben. Grün ist Hoffnungsträger, Grün wird mit Bio und Natürlichkeit verbunden. Und sogar Hulk ist grün!

Keine Angst: Sie werden nicht gleich zum Hulk, wenn Sie viel Grünes essen. Aber Sie können neue Power und Energie schöpfen.

Warum tut uns Grün so gut? Das liegt an den Inhaltsstoffen in grünen Lebensmitteln. Die grüne Farbe kommt durch das reichlich vorhandene Chlorophyll. Dieser Pflanzenfarbstoff ist besonders viel in jeder grünen Pflanze enthalten und dient ihr zur Energiegewinnung. Der Begriff Chlorophyll bedeutet laut Duden: griechisch chlōrós, gelblich grün und phýllon, Blatt, zusammen also Blattgrün. Im Biologieunterricht lernen wir, dass Chlorophyll für die Pho-

tosynthese in den Blättern der Pflanze verantwortlich ist, wodurch Energie und Sauerstoff produziert werden. Laut Wissenschaftlern soll es fast identisch mit dem menschlichen Blutfarbstoff Hämoglobin sein und durch den Verzehr wird die Bildung von Hämoglobin unterstützt.

Essen wir also reichlich grüne frische Lebensmittel – Gemüse, Blattsalate, Früchte, Kräuter und Samen – kann das enthaltene Chlorophyll sich positiv auf unseren Körper auswirken. Das Tolle ist: Grüne Lebensmittel gibt es überall auf der Welt, sogar vor unserer Haustür. Da braucht man keine Exoten aus fer-

fördert wird. Unsere Abwehrkräfte und das Immunsystem werden gestärkt und wir sind weniger infektanfällig. Gerne wird das Chlorophyll auch als Antioxidant bezeichnet und es kann freie Radikale unschädlich machen und die Zellen schützen. Auch der Alterungsprozess unserer Zellen kann sich durch die Aufnahme verlangsamen.

Unsere Entgiftungsorgane. In unserem Körperzentrum ist allerhand los. Dort wird ganz fleißig gearbeitet, damit die Organe vor Giftstoffen geschützt sind und gesund bleiben. Alles läuft still und ganz nebenbei ab, ohne dass wir merken, dass von den Organen ganze Arbeit geleistet wird. Insbesondere unsere Leber, die 1½ kg schwer und die größte Drüse in unserem Körper ist, ist unser Entgiftungsorgan Nr. 1 und wird auch gerne als Chemielabor des Körpers bezeichnet. Sie versorgt den Stoffwechsel mit Nährstoffen und bildet Hormone und u. a. Gallenflüssigkeit, damit die Fettverdauung erleichtert wird und Stoffwechselabbauprodukte ausgeschieden werden. Darüber hinaus ist die Leber ein zentrales Organ im Blutkreislauf und filtert das Blut, das vom Magen-Darm-Trakt kommt. So wird verhindert, dass gefährliche Stoffe

nen Ländern zu suchen. Jede Saison hat reichlich Greenies zu bieten. Ich gehe gerne auf den Wochenmarkt und kann so sehen, welche grünen Gemüsearten gerade frisch vom Feld kommen.

Chlorophyll macht gesund. Das Chlorophyll, das wir essen, stärkt die Sauerstoffaufnahme im Blut und wandelt einen Teil in rote Blutkörperchen um. Es kann so für ein gesundes und reines Blut sorgen. Chlorophyll soll zudem den Aufbau neuer Zellen im Blut unterstützen und die Wundheilung fördern. Auch im Darm sorgt Chlorophyll dafür, dass die Bildung von schädlichen Bakterien gehemmt und die Verdauung ge-

durch die Darmzotten in den Körper eindringen. Außerdem ist die Leber ein Speicherorgan und beherbergt Vitamine, Mineralstoffe, Kohlenhydrate und Enzyme.

Unterstützt wird die Arbeit der Leber durch den Darm, der die Nahrungszusammensetzung scannt und dabei Giftstoffe und fremde Substanzen entdeckt. Der Darm ist außerdem für die Abwehr schädlicher Bakterien sowie fremder Substanzen und die Bildung von Hormonen zuständig. Die zahlreich vorhandenen Mikroorganismen schützen den Darm und das Immunsystem. Die vorhandenen Enzyme sorgen dafür, dass die Inhaltsstoffe der Lebensmittel zu einzelnen Nährstoffen gespalten werden und so der Dünndarm die wichtigen Stoffe in die Blutbahn transportieren kann.

Die Niere, das Klärwerk des Körpers, filtert kontinuierlich das Blut und befreit es von Abfallprodukten und Schadstoffen. Wichtige Substanzen, wie Mineralstoffe und Vitamine gehen wieder in den Kreislauf und in den Körper zurück. Unnötiges, wie Giftstoffe und Abbauprodukte werden durch den Urin ausgeschieden.

Alle Organe sind miteinander verbunden und arbeiten Hand in Hand zusammen. Läuft alles rund, ist der Stoffwechsel und der Organismus in Balance und gesund. Das ist das Ziel, das wir anstreben.

Säure-Basen-Balance im grünen Bereich

Je mehr grüne pflanzliche Lebensmittel wir essen, desto mehr wird der Körper auch mit Basen versorgt. Der Säure-Basen-Haushalt funktioniert wie das oberste Management im Körper und hält durch biochemische Prozesse den Ablauf des Stoffwechsels aufrecht. Je nach Ort und Aufgabe im Körper wird entweder eine saure oder basische Umgebung benötigt.

Aus mineralstoffreichen Lebensmitteln werden eher Basen und aus kohlenhydrat- und eiweißreichen Lebensmitteln werden eher Säuren gebildet. Die Säuren binden sich an die Basen, um diese auszuscheiden. Sind zu viele Säuren im Körper unterwegs, können die Basen das Gleichgewicht nicht mehr richtig in Balance halten. Essen wir zu viele säurebildende Lebensmittel, wie z.B.

Fleisch, Milchprodukte, Eier, Fisch, Zucker, Weißmehlprodukte, Alkohol oder Kaffee, kann ein Ungleichgewicht entstehen. Da unser Körper immer nach einem Säure-Basen-Gleichgewicht strebt, können wir ihn mit einer vorwiegend basischen Ernährung dabei unterstützen.

Übersäuerung macht müde und schlapp

Bei einer sog. Übersäuerung fühlen wir uns oft müde und schlapp. Die Stimmung kann sich insgesamt verschlechtern und der Stoffwechsel verlangsamt

pH-Wert messen

Wenn ich das Gefühl habe, mein Körper ist übersäuert, kaufe ich in der Apotheke einen pH-Mess-streifen und kann so meinen Säure-Basen-Zustand im Urin testen. Morgens wird der Wert naturgemäß sauer sein und bei ca. 6,5 liegen. Liegt der pH-Wert im Laufe des Tages weiter unter 7, wird es Zeit für eine basenreiche Ernährung im grünem Gewand.

sich, die Haut wirkt fahl und blass. Man ist anfälliger für Infektionen und kann unter Kopfschmerzen, Verdauungsproblemen, Rückenschmerzen und anderen Beschwerden leiden. Ich merke das häufig in der kalten Jahreszeit und wenn das neue Jahr startet. Die Balance der Säuren und Basen können wir mit einer vorwiegend basischen Ernährung unterstützen, indem wir viel Gemüse, Obst, Kartoffeln und andere pflanzliche Lebensmittel essen.

Reinigung und Entgiftung: »Detox ganz grün« hilft, im Körper vorhandene Giftstoffe zu neutralisieren, auszuscheiden und unseren Körper zu entschlacken. Das Programm unterstützt unsere Organe, wie beispielsweise die Niere und die Leber, bei der Entgiftung und Reinigung. Nach diesem Hausputz können unsere Organe regenerieren, ihren Aufgaben wieder besser nachgehen und volle Leistung bringen. Außerdem wird im Körper vermehrt Serotonin ausgeschüttet, was die Stimmung anhebt. Zudem gelangt mehr Sauerstoff ins Blut und zum Gehirn, die Darmflora kommt wieder ins Gleichgewicht und mögliche Entzündungen gehen zurück. Wir fühlen uns einfach fitter, wacher, fröhlicher und leistungsstärker.

Meine Lieblings-Greenies im Porträt

Die Greenies liefern eine geballte Ladung Vitamine, Mineralstoffe, sekundäre Pflanzenstoffe und Ballaststoffe. Was genau meine Lieblings-Gemüse so besonders macht, habe ich für Sie im Folgenden zusammengestellt.

Grünkohl

Im Winter landet reichlich Grünkohl in meinem Kochtopf, denn da hat er Hauptsaison. Ich stehe auf den aromatisch schmeckenden Kohl, denn er ist ein echtes Vitamin-C-Wunder. In 100 g Grünkohl ist davon doppelt so viel enthalten wie in 100 g Zitronen. Gerade deshalb ist Grünkohl für den Winter ein Must-Have. Vitamin C stärkt unser Immunsystem sowie die Abwehrkräfte und beugt Erkältungen vor. Wichtig ist dabei, dass der Kohl nicht »totgekocht«, sondern schonend gedämpft oder gedünstet wird. Darüber hinaus enthält Grünkohl reichlich Ballaststoffe, wertvolles Eiweiß, Vitamin A, Kalium, Kalzium, Magnesium und Eisen. Um einem Blähbauch beim Kohlgenuss vorzubeugen, verwende ich beim Zubereiten Gewürze wie Kümmel, Kardamom, Thymian oder Kreuzkümmel. Tun Sie Ihrer Gesundheit und Seele mit dem Grünkohl-Kartoffel-Eintopf (Seite 67) in der kalten Jahreszeit etwas Gutes.

Rosenkohl

Als Kind habe ich die kleinen, kräftig schmeckenden Röschen verschmäht, jetzt liebe ich Rosenkohl. Er enthält ebenfalls reichlich Vitamin C. Deswegen dünste oder dämpfe ich die Röschen nur kurz, damit die Vitamine erhalten bleiben. Neben den enthaltenen B-Vitaminen, Vitamin K und der Folsäure sind reichlich Mineralstoffe, wie Kalium, Eisen, Magnesium und Zink enthalten. Und: Forschungsergebnisse haben gezeigt, dass Rosenkohl entgiftend wirkt und das Krebsrisiko senken kann. Deswegen gehört Rosenkohl ebenfalls zu den Must-Haves der Detox-ganz-grün-Küche.

Kalette

Kalette ist eine neue Gemüseart, ein Züchtungs-Mix aus Grünkohl und Rosenkohl. Ich habe die kleinen violettgrünen Röschen vor Kurzem im Supermarkt entdeckt und war sofort begeistert von dem Gemüse. Sie sehen

aus wie kleine Grünkohl-Röschen und vereinen die tollen Inhaltsstoffe von Grünkohl und Rosenkohl. Kalette schmeckt leicht süß und nussig und sein Aroma passt angedünstet gut zu Ingwer und Zitrone.

Wirsing

Besonders im Winter, aber auch in der wärmeren Jahreszeit, landet Wirsing gern als knackige Salatvariante auf meinem Teller. Er ist ein perfekter Vitaminspender und stärkt die Abwehrkräfte, denn Wirsing enthält reichlich Vitamin C. Wirsing ist zudem reich an den Mineralstoffen Kalium, Kalzium, Eisen, Magnesium und Phosphor. Darüber hinaus sind jede Menge Folsäure, Vitamin A und B-Vitamine enthalten. Seine reichlich vorhandenen Ballaststoffe sind für die Verdauung und eine gute Sättigung von großer Bedeutung. Bei empfindlichen Personen kann der Kohl jedoch blähend wirken. Abhilfe können beim Kochen die Beigabe von Kamillenblüten oder Kümmel schaffen. Das Gemüse wirkt durch die enthaltenen Senfölglykoside entschlackend, entgiftend und harntreibend. Ist der Wirsing zart und hellgrün, schmeckt er als Salat, in Pesto und Smoothies gut. Ist er derber

und dunkler, kann er schmackhaft gefüllt und gegart werden (siehe hierzu Wirsingrouladen, Seite 109).

Lauch

Lauch strotz nur so vor Vitamin C, und auch Kalium, Kalzium, Zink und Beta-Carotin sind enthalten. Da alle diese Inhaltsstoffe hitzeempfindlich sind, sollte Lauch nicht zu stark erhitzt oder zu lange gekocht werden. Besonders im grünen Teil des Lauchs stecken die meisten Inhaltsstoffe – also besser nicht das Grüne in den Müll werfen. Die enthaltenen Senföle aktivieren den Stoffwechsel und wirken antibiotisch sowie antibakteriell. Die Stangen sind mit nur 30 Kalorien ein echtes Schlankgemüse. Lauch harmoniert prima zu Kümmel, Thymian oder Rosmarin. Die können gleichzeitig auch Blähungen entgegenwirken. Ich bereite aus Lauch gern Aufläufe und Suppen zu und schneide ihn ganz fein in den Salat.

Feldsalat

Feldsalat ist fester Bestandteil meiner Salate und Smoothies. Ich mag den nussig-milden Geschmack sehr gern. Besonders für vegan und vegetarisch lebende Menschen ist er interessant, denn er ist eine der eisenreichsten Gemüsesorten. Damit das Eisen vom Körper besser aufgenommen werden kann, kombiniere ich Feldsalat meist mit Vitamin-C-Reichem: Paprika, Granatapfel oder Orangenfilets sind super.

Spinat

Schon als Kind war Spinat mein Freund und heute ist daraus sogar eine Liebe geworden. Spinat ist ein echtes Vitalstoffwunder. Die enthaltenen Vitamine A, B_1, B_2 und C sorgen für eine gute Sehkraft und stärken die Nerven und das Immunsystem. Das grüne Blattgemüse ist reich an Folsäure, Kalzium und Magnesium und hilft dem Körper dabei, Giftstoffe auszuleiten. Spinat enthält reichlich Ballaststoffe, die einen positiven Einfluss auf die Verdauung und den Cholesterinspiegel haben. Trotz des berühmten Messfehlers, bei dem sein Eisengehalt viel zu hoch eingeschätzt wurde, gehört Spinat zu den eisenreichen Lebensmitteln und ist gerade für die vegetarische Ernährung interessant. Spinat enthält aber auch Oxalsäure, woran das Eisen gebunden ist, und dadurch steht es dem Körper nur in geringen Mengen zur Verfügung.

Mangold

In Mangold stecken reichlich Vitamine und Mineralstoffe. Die enthaltene Folsäure ist wichtig für die Bildung roter Blutzellen sowie die Teilung der Zellen. Das vorhandene Vitamin K ist bedeutend für die Blutgerinnung und Knochenbildung. Darüber hinaus stecken in Mangold Eisen und Kalium. Aber Vorsicht: Genauso wie Spinat enthält Mangold Oxalsäure. Diese kann die Kalziumaufnahme verhindern und Menschen mit einer Nierenerkrankung negativ beeinflussen. Außerdem ist Mangold nitratreich und sollte deshalb nicht lange warm gehalten werden, denn dabei kann es zu gesundheitsschädlichem Nitrit umgewandelt werden. Deswegen am besten gleich nach dem Zubereiten verspeisen!

Fenchel

Ich liebe Fenchel, doch das geht nicht jedem so. Ätherische Öle sind für das süßliche und anisähnliche Aroma des Fenchels verantwortlich. Fenchel wird auch als Heilpflanze verwendet und wirkt gegen Blähungen und Völlegefühl. Fenchel kann den Darm entspannen und unterstützt die Genesung bei Husten und Erkältung. Neben Eisen, Folsäure, Vitamin

A, C und E sind vor allem die großen Mengen an Kalzium bedeutend. Fenchel wirkt darüber hinaus entgiftend und unterstützt dabei die Ausscheidung über den Darm und die Nieren.

Sellerie

Staudensellerie verdankt sein würziges Aroma dem hohen Anteil am ätherischen Öl Appiin. Außerdem sind in Sellerie reichlich Kalzium, Kalium, Magnesium und Phosphor enthalten. Die Mineralien haben eine ausgleichende und nervenberuhigende Wirkung. Sellerie soll dazu noch harntreibend und entwässernd wirken und eine potenzsteigernde und aphrodisierende Wirkung haben. Das hellgrüne Gemüse schmeckt roh in Salaten und Drinks gut, aber auch leicht angedünstet als Suppe.

Paprika

Die leicht süßlich-frisch und herb schmeckenden Paprikaschoten sind besonders reich an Vitamin C. Ein Salat mit einer halben Paprikaschote reicht schon aus, um den Tagesbedarf zu decken. Insbesondere in den grünen Schoten steckt reichlich Carotin, das auf Haut und Augen eine positive Wirkung hat. Ich esse Paprika immer mit etwas Öl oder einem Dip, damit der Körper den fettlöslichen Stoff aufnehmen kann.

Brokkoli

Brokkoli bezeichne ich gerne auch als heimisches Superfood. Und das nicht ohne Grund: Brokkoli enthält jede Menge Detox-Mineralien wie Kalzium, Kalium, Eisen und Vitamin C. Die enthaltenen Glucosinolate, die in allen Kohlarten stecken, können vermutlich vor Darmkrebs schützen. Da diese wertvollen Stoffe hitzeempfindlich sind, sollten die kleinen, bäumchenähnlichen Brokkoli-Röschen roh oder gedämpft verspeist werden.

Romanesco

Der mild schmeckende Romanesco enthält neben einer großen Menge Vitamin C reichlich Carotin und sekundäre Pflanzenstoffe. Darüber hinaus ist er reich an Vitamin K, B_1, B_2, B_6, Niacin, Pantothensäure, Kalium, Phosphor, Schwefel und Zink. Das Schlankgemüse passt in die Suppe, roh als Salat (z. B. mit Himbeeren (Seite 81)) oder gedämpft zu Tofu und Nüssen.

Petersilie

Petersilie ist ein Allroundtalent, passt in fast jedes Essen und ist besonders zum Detoxen bestens geeignet. Durch die ätherischen Öle wirkt das Kraut harntreibend, entwässernd, blutreinigend und antimikrobiell. Petersilie enthält Carotin, Vitamin A, C und E sowie besonders viel des Spurenelements Eisen und des Mineralstoffs Kalzium. Petersilie unterstützt die Nieren und fördert die Entgiftung und den Abtransport von Stoffwechselprodukten.

Koriander

Wegen seines seifenähnlichen Geschmacks habe ich Koriandergrün lange Zeit gemieden. Doch Geschmäcker ändern sich zum Glück und mittlerweile liebe ich das Kraut! Koriander ist ein zartes Kraut, peppt viele asiatische und orientalische Speisen auf und sollte erst am Ende der Garzeit zum Essen gegeben werden. Koriandersamen wiederum haben ein herb-süßliches Aroma und verfeinern Hülsenfrucht- und Gemüsegerichte. Das enthaltene Korianderöl wirkt antibakteriell und krampflösend und kann Blähungen und einem Völlegefühl entgegenwirken. Koriander hat zudem eine hohe entgiftende Wir-

kung und kann das Abtransportieren von Giftstoffen unterstützen.

Minze

Kleine Erfrischung gefällig? Frisch und würzig schmeckt Minze toll in Getränken, zu Salat, in Suppen oder Süßspeisen. Insbesondere frische Minzeblätter haben es in sich. Bekomme ich leichte Kopfschmerzen, gieße ich mir frische Minze mit kochendem Wasser auf, trinke den Tee dann schluckweise, nehme dabei die Dämpfe auf und die Kopfschmerzen verfliegen. Das liegt an den reichlich enthaltenen ätherischen Ölen (Menthol), die für den typisch frischen-minzigen Duft und Geschmack verantwortlich sind. Die Öle wirken schleimlösend, appetitanregend und krampflösend bei Verdauungsbeschwerden und eben auch bei Kopfschmerzen.

Weizengras

Weizengras gilt als Superfood, denn es ist sehr nährstoffreich und ihm werden viele gesundheitsförderliche Wirkungen nachgesagt. Weizengras enthält essenzielle Aminosäuren, die der Mensch selbst nicht produzieren kann.

Zudem ist der Eisengehalt von Weizengras höher als der von Spinat und es ist reich an B-Vitaminen, Vitamin A, C und E. Weizengras wirkt durch einen hohen Gehalt an Kalzium, Magnesium, Kalium, Zink und Selen basisch und kann den Säure-Basen-Haushalt (Seite 12) ins Gleichgewicht bringen und einer Übersäuerung entgegenwirken. Und: Die grüne Farbe verrät es schon – hier steckt jede Menge Chlorophyll (Seite 10) in den Blättern. Bei mir kommt Weizengraspulver in Drinks und Smoothies. Das Pulver verwende ich aber auch zum Verfeinern von Suppen und Saucen.

Grüne Linsen

Linsen enthalten reichlich Eiweiß, Kohlenhydrate und Ballaststoffe. Außerdem sind Vitamine der B-Gruppe und Eisen viel enthalten. In meinen Rezepten sind Linsen wichtige Proteinlieferanten, denn Sie machen satt und stärken die Muskeln. Linsen gibt es in verschiedenen Färbungen, und je nachdem haben sie unterschiedlich lange Kochzeiten. Die grünbraunen Puy-Linsen und grünen Linsen schmecken wunderbar aromatisch. Sie brauchen ca. 20 bis 30 Minuten, bis sie bissfest gegart sind und

schmecken gut als Salat, Suppen-Einlage und als Gemüsebeilage.

Matcha

Matcha ist feinst gemahlener Grüntee. Das Pulver enthält Koffein und ist deswegen ein toller Wachmacher und sorgt für einen klaren Geist. Doch besonders die entschlackende und entgiftende Wirkung des Tees ist bei Stars und Sternchen sehr beliebt. Matcha ist sehr bekömmlich und magenschonend, da er wenig Gerbstoffe enthält. Darüber hinaus enthält Matcha-Tee Beta-Carotin, Eisen und Vitamin A. Die enthaltenen Flavonoide – Epigallocatechingallat (EGCG) – sollen laut Studien entzündungshemmend wirken sowie vor Krebs und Alzheimer schützen. Darüber hinaus hat EGCG neben der Aktivierung des Fettabbaus eine antioxidative Wirkung und schützt so unseren Körper vor freien Radikalen. Matcha schmeckt mir besonders gut als Latte mit Mandelmilch, in Desserts und Gebäck.

Grünkern

Der rauchig-würzige Geschmack von Grünkern entsteht durch das Darren der getrockneten Dinkelkörner über

Buchenfeuer bei mindestens 110 Grad. Neben Kohlenhydraten, Eiweiß und Ballaststoffen sind Mineralstoffe wie Kalium, Eisen und Magnesium sowie B-Vitamine, Vitamin A und E enthalten. Grünkern wirkt basisch, ist gut verträglich und ein toller, herzhafter Sattmacher. Ich verwende gegarten Grünkern oft als Salatgrundlage, Beilage, für eine Veggie-Bolo und das Schrot für Bratlinge und Füllungen.

Der grüne Saisonkalender

Frühling: grüne Erbsen, junger Spinat, Kohlrabi, Frühlingszwiebeln, Zuckerschoten, Gurke, Stangensellerie, grüner Spargel, Wildkräuter wie Bärlauch, Brennnessel, Sauerampfer, Löwenzahn, Portulak etc.

Sommer: Kohlrabi, Zucchini, Tomaten, Fenchel, Spitzkohl, Paprika, Brokkoli, Romanesco, Spinat, grüne Bohnen, Mangold, Lauch, Stangensellerie, Weißkohl, Melonen, Salate wie Kopfsalat, Lollo Bianco, Eichblatt, Romania, Batavia, Kopfsalat und Eisberg, Artischocken, Endivien, Rukola , (grüne) Tomaten

Herbst: Fenchel, Brokkoli, Kürbis, grüne Äpfel, Weintrauben, Birnen, Rukola, Spitzkohl, Weißkohl, Wirsing

Winter: Grünkohl, Wirsing, Rosenkohl, Feldsalat, Rukola, Kalette, Chicorée, Winterspinat, Chinakohl

Aus südlichen Ländern verfügbar: Avocados, Kiwis, Limetten, Zitrusfrüchte mit grünen Fruchtfleisch, Okraschoten, Pakchoi, Edamame

Andere bunte Detox-Zutaten

Neben den Greenies verwende ich für mein Programm »Detox ganz grün« weitere unterstützende Lebensmittel, die ich Ihnen kurz vorstellen möchte. Falls Sie schon immer wissen wollten, warum Chia-Samen, Goji-Beeren oder Quinoa gerade in aller Munde sind – hier kommen die Fakten!

Ingwer

Der brennend-scharf, leicht süßliche und aromatische Geschmack von Ingwer peppt jede Speise auf. Egal ob in Suppen, Gemüsepfannen, Currys, in

Dressings zu Salaten und Tofu-Gerichten – die Knolle schmeckt intensivaromatisch.

Tipp: Ingwerscheiben mit kaltem Wasser aufgegossen, kombiniert mit Gurke und Minze – das ist mein Sommergetränk. Und frischer Ingwertee gehört im Winter zu meinen Standardgetränken. Der Tee wirkt wohltuend bei Erkältungen, Husten oder Halsschmerzen.

Die Knolle enthält ätherische Öle, die für den frisch-scharfen Geschmack und die durchblutungsfördernde und kreislaufanregende Wirkung verantwortlich sind. Sie können bei Verdauungsbeschwerden und gegen Übelkeit helfen. Ein Stückchen frischer Ingwer kann Magen-Darm-Beschwerden vertreiben. Übrigens: Für Menschen mit Bluthochdruck ist Ingwer nicht gut geeignet, da dieser den Blutdruck erhöhen kann.

Chia-Samen

Die kleinen Powerpakete gebe ich regelmäßig in meinen morgendlichen Getreidebrei, denn Sie liefern viel Eisen, Kalzium, Omega-3-Fettsäuren und Aminosäuren. Zudem enthalten Chia-Samen einen hohen Gehalt an Antioxidanzien. Diese schützen die Zellen und wirken als Anti-Aging-Mittel für eine schöne Haut. Die enthaltenen Ballaststoffe regen die Verdauung an, bremsen die Kohlenhydratumwandlung in Zucker und wirken positiv auf den Insulinspiegel. Die Omega-3-Fettsäuren senken den Cholesterinspiegel, stärken das Immunsystem und wirken entzündungshemmend.

Chia-Samen sind geschmacklich neutral und eignen sich ideal für ganz unterschiedliche Speisen. Man isst sie pur, als Gel oder gemahlen als Mehlersatz. Die puren Chia-Samen können über Müsli, Joghurt, Obst und Salat gestreut oder in Smoothies verwendet werden. Soll das Brot zum Nährstoffpaket werden, dann backt man die kleinen Samen einfach mit. Durch die hohe Quelleigenschaft sind die kleinen Samen auch klasse für Marmelade und Pudding.

Granatapfel

Der Granatapfel gehört zu meinen Lieblingen. Er ist so dekorativ und hat einen tollen fruchtig-süßen Geschmack. Und das Beste ist: Er enthält viel Vitamin C, Beta-Carotin, Kalium, Kalzium und Eisen. Außerdem gelten besonders die se-

kundären Pflanzenstoffe als ausschlaggebend für seine präventive Wirkung, und das sind vor allem Flavonoide und Polyphenole. Sie wirken antioxidativ, antientzündlich, krebshemmend und positiv auf das Herz-Kreislauf-System.

Granatäpfel und deren Saft verfügen über einen besonders hohen Gehalt dieser Polyphenolen-Antioxidanzien. In einer aktuellen Studie konnte festgestellt werden, dass die antioxidative Wirkung etwa dreimal stärker ist als die von Rotwein, Blaubeeren oder grünem Tee. Bei mir gibt es selten einen Salat, ein Gemüsegericht oder Dessert ohne Granatapfelkerne. Denn sie sind nicht nur gesund, sondern verleihen den Speisen optisch und vor allem geschmacklich einen Kick.

Quinoa

Quinoa ist ein sogenanntes Pseudogetreide und ebenfalls viel in meiner Küche zu finden. Das »Andengetreide« stammt ursprünglich aus Südamerika und gehört zu den Gräsern. Die glutenfreien Körner sind reich an wichtigen Aminosäuren, Eisen und Ballaststoffen. Das basische Getreide verwende ich gerne als Einlage für Suppen und als Grundlage für Bratlinge und Bällchen. Auch Quinoa-Aufläufe oder süße Speisen schmecken herrlich nussig. Häufig mache ich mir einen Salat aus Quinoa und nehme den mit ins Büro. Der lässt sich gut vorbereiten und ist ein ideal leichtes Mittagessen.

Goji-Beeren

Die süßen, leicht herben, roten Beeren sind reich an Vitamin C und enthalten Vitamin B_1, Kalzium, Eisen sowie Antioxidanzien. Sie können stimmungsaufhellend und günstig auf Niere und Leber wirken. Sie schmecken toll über Müsli, im Obstsalat oder zu Suppen und Salaten. In der Vergangenheit gehörten Goji-Beeren zu den Obstsorten mit höherer Pestizidbelastung. Hier wurden bei vielen Proben die Höchstmengen überschritten. Bei Goji-Beeren aus kontrolliert ökologischem Anbau wurden keine Pestizidrückstände gemessen.

Das »Detox-ganz-grün«-Programm

Zwei Wochen lang soviel Grün essen wie möglich, das ist die Devise. Planen Sie in Ihren Tagesablauf mehr Grün ein – wie das funktioniert, zeige ich Ihnen.

Sie benötigen keine großartige Vorbereitungszeit oder gar Darmreinigungen mit Glaubersalz. Planen Sie zwei Wochen für das Programm ein. So geben Sie Ihrem Körper und Geist Zeit, um gründlich zu entgiften. Ziel ist es, in diesen Tagen so viel grüne Lebensmittel wie möglich zu essen. Ich zeige Ihnen, wie Sie die grünen Power-Rezepte und Lebensmittel entspannt in Ihren Alltag einbauen können. Alle in diesem Buch enthaltenen Rezepte sind vegan und im Grunde für jeden gesunden Menschen schmackhaft und essbar. (Für Kinder, Schwangere und Stillende sowie kranke Menschen ist das Programm nur bedingt geeignet und sollte vorher mit einem Arzt besprochen werden.) Zum Frühstück empfehle ich Ihnen etwas Leichtverdauliches mit viel Energie. Zum Mittag und Abend sollten die Speisen stärken und entschlackend wirken, ohne zu belasten. Zwischendurch halten Power-Snacks den Blutzuckerspiegel konstant. Um die Muskeln zu erhalten bzw. aufzubauen, ist Eiweiß wichtig. Muskeln sind unsere Kraftwerke im Körper, kurbeln den Stoffwechsel an und verbrennen Fett auch im Ruhezustand. Deswegen sollte täglich etwas Eiweißreiches – Hülsenfrüchte, Sojaprodukte, basisches Getreide und Nüsse – auf dem Speiseplan stehen.

signalisiert uns, dass eigentlich schon ein Flüssigkeitsmangel da ist. Kommen Kopfschmerzen und Müdigkeit dazu, ist das für mich ein Zeichen, dass ich zu trinken vergessen habe.

Genussmittel reduzieren: Damit der Körper optimal entgiften kann, sollten Sie Genussmittel reduzieren. Alkohol, Kaffee, Nikotin und unnötige Medikamente sind nicht von Vorteil und sollten in den zwei Wochen gemieden bzw. nur in kleinen Mengen genossen werden. Auch Zucker, Weißmehlprodukte, Fertiggerichte und Fast Food sollten gar nicht oder nur ganz selten auf dem Speiseplan stehen, da diese leere Kalorien reichlich Zusatzstoffe enthalten. Auch Salz sollten Sie nur in kleinen Mengen verwenden, da es Wasser im Körper bindet. Die meisten Rezepte enthalten viele Kräuter und aromatische Zutaten, so kommt auch ohne Salz Geschmack ins Essen. Verzichten Sie größtenteils am besten auch auf tierische Produkte, da diese im Körper bei der Verstoffwechslung zu Säuren abgebaut werden und den Säure-Basen-Haushalt (Seite 12) aus dem Gleichgewicht bringen können. Daher sind alle Rezepte bei »Detox ganz grün« vegan ausgerichtet.

Trinken nicht vergessen: Wenn Sie etwa 2–2 ½ l Flüssigkeit (Wasser, Kräutertee oder Ingwerwasser) trinken, können Giftstoffe gut abtransportiert und die Entgiftungsorgane durchgespült werden. Auch der Stoffwechsel und die Verdauung werden durch viel Flüssigkeit angeregt und der Körper verbrennt pro Tag bis zu 200 Kalorien mehr. Auch eine Gemüsebrühe, Melone oder Gurken enthalten jede Menge Wasser und sind Durstlöscher in einer anderen Form. Ich habe immer eine Flasche Wasser auf meinem Schreibtisch stehen und fülle immer Wasser nach, denn so vergesse ich das Trinken nicht. Ich trinke auch immer vor dem Durst, denn Durst

Vorbereitung und Planung

Starten Sie das Programm an einem Tag, in einer Woche oder in einer Zeit, wenn Sie Ruhe, viel Zeit für sich und wenig Verpflichtungen haben. So können Sie sich etwas eingrooven und die Umstellung und der Alltag fallen leichter. Um entspannt mehrere Tage oder eine gesamte Woche zu organisieren, ist es nützlich, einen Plan nach Ihrem Bedarf und Ihren Alltagsgewohnheiten zu erstellen. Am besten machen Sie das am Wochenende oder am Freitag davor. Die Beispielpläne (Seite 32) helfen Ihnen dabei und geben Ihnen eine Orientierung. Wählen Sie und auch Ihre Familie passende Rezepte aus, die Sie schnell zubereiten, gut vorbereiten oder mitnehmen können und die allen schmecken. Überlegen Sie auch, wann Sie Ihre Bewegungs-, Entspannungs- und Reinigungseinheit einbauen.

Vor dem Einkauf lohnt sich ein Blick in den Kühlschrank und Vorratsschrank. Sind vielleicht schon grüne Lebensmittel vorrätig? Räumen Sie den Wein, die Gummibärchen (auch die grünen ☺) und andere Süßigkeiten, die Butter und die Sahne weg. Essen Sie eine Woche vorher schon etwas weniger davon und bauen Sie schon mehr grüne Lebensmittel in die Mahlzeiten ein. So fällt die Umstellung leichter.

Sie sind eingeladen? Na und!

Wissen Sie schon, dass Sie ins Restaurant gehen werden oder eine Einladung haben, dann planen Sie im voraus. Wählen Sie das Restaurant nach dem Angebot aus, schauen Sie, was es auf der Speisekarte gibt und wählen Sie schon vorher etwas Passendes aus. Werden Sie eingeladen, können Sie mit einem Gang oder einem Teil des Büfetts einen Beitrag leisten und einen grünen Salat oder ein Greenie-Dessert mitbringen. Oder laden Sie einfach selber ein und machen Sie »Grün« zum Motto Ihrer Party. Dann haben Sie Ihre Ernährung in der Hand und der Besuch kann gleich an Ihrer neuen Lebensart kulinarisch und optisch teilhaben.

Mein grüner Detox-Tag

Um den Körper regelmäßig und über den Tag verteilt mit den wichtigsten Nährstoffen zu versorgen, sollte der Tag aus drei Hauptmahlzeiten und ein bis zwei Zwischenmahlzeiten bestehen. Nehmen Sie mehrere kleine Mahlzeiten auf, so kann der Körper die Nährstoffe besser verarbeiten.

Frühstück: Zuerst trinken – ich habe am Bett immer ein Glas Wasser stehen, das kann ich Ihnen nur empfehlen, so bekommt der Körper gleich etwas Flüssigkeit. Ein Glas warmes Wasser am Morgen macht munter und regt die Verdauung und den Stoffwechsel an.

Dann erst sollten Sie richtig frühstücken. Mit einem ausgewogenen Frühstück mit grünen Elementen wird der Körper gleich mit Energie und bioak-tiven Substanzen versorgt. Die leeren Speicher werden wieder aufgefüllt und wir können konzentriert und leistungsfähig den Tag beginnen. Ein leichtes Müsli oder ein warmer Getreidebrei kombiniert mit grünem Obst, Nüssen und Kernen, sorgen für ein angenehmes Bauchgefühl. Ein grüner Smoothie oder ein Greenie-Aufstrich auf Vollkornbrot schenken Energie. Ein Kräuter- oder Ingwertee tut dem Magen gut und wirkt entgiftend. Vor dem Zähneputzen kann die Zunge abgeschabt werden (Seite 34). Auch das sog. Ölziehen (Seite 34) ist zu empfehlen: Hier wird

Umstellungsschwierigkeiten

Am Anfang kann es sein, dass Sie sich müde und unwohl fühlen, dann spüren Sie, dass der Körper vermehrt Giftstoffe ausscheidet. Ich habe dann schnell Kopfschmerzen, besonders wenn ich auf meinen morgendlichen Kaffee verzichte. Sind die Giftstoffe ausgeschieden, fühlen Sie sich besser. Zum Überbrücken eignet sich grüner Tee. In den ersten Tagen gönnen Sie sich am besten etwas mehr Ruhe. Hilfreich ist es auch, einige Tage vorher weniger und leichter zu essen und weniger Kaffee zu trinken. So bereiten Sie Ihren Körper schon mal auf die neue und etwas andere Ernährung vor. Während »Detox ganz grün« versorgen Sie Ihren Verdauungstrakt mit reichlich Ballaststoffen. Wer das nicht gewohnt ist, kann erst einmal Blähungen oder Verstopfung bekommen. Würzen Sie Ihre Speisen mit Kümmel, Thymian oder Rosmarin und trinken Sie reichlich.

ein Schluck Öl 10 Minuten lang durch die Zähne gezogen.

Snacks: Wenn Sie zwischendurch einen kleinen Hunger verspüren, ist ein Snack sinnvoll. So bleibt der Blutzuckerspiegel konstant und Sie haben weiterhin Energie. Ich habe immer etwas Essbares in der Tasche. Neben den Snack-Rezepten (Seite 114) hier noch weitere Ideen für Greenie-Snacks für zwischendurch:

- 1–2 Stücke grünes Obst (Apfel, Birne, Weintrauben, Melone, Kiwi)
- 1 Schale Obstsalat aus grünen Früchten
- 1 grüner Smoothie (Seite 42)
- 1 Portion grünes Knabber-Gemüse (Kohlrabi, Paprikaschote, Gurke, Zucchini)
- 1 Handvoll Kürbiskerne
- 1 Handvoll Wasabi-Erbsen
- 4 kleine Gewürzgürkchen

Zwischendurch ist es wichtig, reichlich und regelmäßig zu trinken. Dafür eignen sich am besten stilles Mineralwasser, ungesüßter Kräutertee oder Ingwerwasser. Auch ein Matchatee oder ein grüner Tee können munter machen und für neue Konzentration sorgen. Legen Sie zwischendurch auch eine Pause mit einem längeren Blick ins Grüne oder auf ein grünes Bild ein.

Mittagessen: Wer am Vormittag viel getan hat, sollte sich nach vier bis fünf Stunden eine Pause gönnen. Nutzen Sie die Zeit, um mit einem leichten eiweißreichen Gericht die Energie für den Nachmittag aufzunehmen. Ein grüner Salat mit Getreide, ein leichtes grünes Wokgericht oder eine Greenie-Suppe sind dafür gut geeignet. Viele Speisen lassen sich auch gut vorbereiten und mitnehmen. So können Sie sich auch mittags während der Arbeit etwas Grünes gönnen. Eine bewegte Pause mit einem Spaziergang im Grünen (Park oder unter Bäumen auf der Straße) wäre jetzt noch das i-Tüpfelchen zur Erholung. Tolle Rezepte für die Mittagspause sind z.B.:

- Grünkohl-Kartoffel-Eintopf (Seite 67)
- Kalesalat (Seite 75)
- Brokkoli-Edamame-Salat (Seite 73)
- Grünkern-Gemüse-Wok (Seite 112)
- Linsen-Avocado-Salat (Seite 70)

Essen unterwegs: Wenn Sie sich nichts selber zubereiten oder mitnehmen können, da Sie viel unterwegs sind oder keine Möglichkeit haben, dann hält vielleicht Ihre Kantine, das Café um die Ecke oder das Restaurant in Ihrer Nähe etwas Grünes vor.

Beispiele:

- grüner Salat mit Zitronendressing
- Salate mit Avocado
- Asia-Wok-Gericht
- vegetarisches Sushi
- Spinatsuppe
- Kräutersüppchen
- grüne Smoothies

Abendessen: Konnten Sie sich heute viel bewegen? Der frühe Abend wäre ideal für eine Bewegungseinheit wie Trampolinspringen, Yoga, Laufen oder was Sie sonst gerne mögen. Danach können Sie etwas gegen Ihren Hunger tun und den Körper mit Vitalstoffen versorgen. Was haben Sie zu Mittag gegessen? Je nachdem sollte die Speise die Muskeln mit Eiweiß versorgen. Kombinieren Sie diese mit etwas Kohlenhydratreichem (Gemüse, Grünkern, grüne Linsen, Kartoffeln). Damit können Sie besonders gut regenerieren und entspannen. Wählen Sie z. B. einen Salat mit gegartem grünen Gemüse, einen Grünkernbratling und grünes Gemüse oder eine Kartoffel-Gemüse-Suppe. Aber nicht zu spät! Mit einem vollen Magen lässt es sich nicht gut schlafen.

Wer abnehmen will

Alle Rezepte, die Sie in dem Buch finden, sind leicht und kalorienarm, zudem wurde zusätzlich auf Fett- und Kalorienbomben verzichtet. Auch wenn man sich an den Mahlzeiten satt isst, kann ganz nebenbei das Gewicht mit diesem Programm reduziert werden, ohne Kalorien zählen zu müssen. Wer sein Gewicht halten möchte, sollte täglich mehrmals Getreide, Nüsse, Kerne, Avocados oder Hülsenfrüchte in den Speiseplan einbauen.

Entschlackungstage und Alltagsbooster

Hier finden Sie verschiedene Pläne zur Orientierung. Die ersten drei Pläne sind reine Entschlackungstage, die für zwischendurch, zum Start des Programms oder als Alltagsbooster geeignet sind. Sie sollten nur eine kurze Zeit und nicht länger als fünf Tage durchgeführt werden, denn sie enthalten wenig Kalorien, Fett und Eiweiß. Wichtig: Trinken

Sie reichlich (Wasser und Kräutertee)! Ein Reinigungsritual und Bewegung dürfen auch nicht fehlen.

Green-Smoothie-Day

Frühstück: Apfel-Spinat-Smoothie (Seite 44)
Mittags: Sellerie-Melonen-Smoothie (Seite 45)
Abends: Kiwi-Gurken-Feldsalat-Smoothie (Seite 44)
Zwischendurch: Entgiftungs-Koriander-Tee (Seite 49)

Green-Detox-Day im Frühling

Frühstück: Detox-Porridge (Seite 52) oder Kiwi-Gurken-Feldsalat-Smoothie (Seite 44)
Mittags: Spargel-Erdbeer-Salat (Seite 71)
Abends: Bärlauchsuppe mit Kräuterpfannkuchenstreifen (Seite 59)
Zwischendurch: Sellerie-Koriander-Dip mit Gemüse (Seite 117)

Green-Detox-Day im Sommer/ Herbst

Frühstück: Minze-Weizengras-Birnen-Smoothie (Seite 45)

Mittags: Romanescosalat mit Himbeeren (Seite 81)
Abends: Spinat-Kokos-Süppchen mit Goji-Beeren (Seite 57)
Zwischendurch: Pimientos mit Ingwer (Seite 121)

3 Tage Green-Detox-Weekend

Bei diesem Plan gibt es täglich jeweils eine eiweißhaltige Mahlzeit am Mittag oder Abend. Das unterstützt die Muskeln beim Aufbau und beim Erhalt. Außerdem machen diese Speisen besonders gut und lange satt. Mittags bzw. abends kommt Folgendes auf den Tisch:

- Spargel-Pakchoi-Ragout mit Edamame (Seite 110)
- Kalette mit Ingwer und Sesamtofu (Seite 89)
- Asia-Gemüse-Suppe mit Chili (Seite 67)
- Grüne Linsensuppe (Seite 66)
- Ofen-Süßkartoffel mit grüner Sauce (Seite 99)

Frühstück und Snacks wählen Sie nach Lust und Hunger aus den entsprechenden Kapiteln selbst aus.

Was passiert danach?

Unabhängig davon, ob Sie nun ein Wochenende, eine oder gar zwei Wochen das Detox-Programm durchgehalten haben, prima wäre es, wenn das neue Körpergefühl weiter anhält. Je nachdem, wie lange und wie intensiv Sie das Programm durchgeführt haben, sollten Sie schrittweise andere Lebensmittel in den Speiseplan einbauen. Erst rote oder gelbe Früchte und Gemüse, dann mehr Brot und stärkereiche Lebensmittel, ein paar Tage später auch bei Bedarf Milchprodukte, Eier und Zucker.

Denken Sie darüber nach, welche Komponenten aus dem Programm Sie in Zukunft beibehalten möchten und was Ihnen am besten geschmeckt hat. Sie werden merken, dass Sie viel bewusster essen und Ihren Körper besser spüren. Bauen Sie weiterhin bewusst grüne Lebensmittel in Ihren Speiseplan mit ein: Das Frühstück können Sie mit Kiwi oder Trauben ergänzen, als Snack zwischendurch könnten Sie eine Gurke mit Koriander-Dip (Seite 117) verspeisen und zum Mittagessen einen grünen Salat oder abends eine Spinatsuppe.

Oder Sie führen regelmäßig einen grünen Detox-Tag oder ein Detox-Wochenende durch. So können Sie immer mal wieder neue Energie tanken.

Tipps zum Verstärken

Mit Leberwickeln, Bürstenmassagen und Bewegung an der frischen Luft können Sie den Körper dabei unterstützen, Giftstoffe aus dem Körper zu transportieren und die Verdauung anzuregen. Bauen Sie in den zwei Wochen regelmäßig, z. B. alle zwei Tage oder täglich, eine unterstützende Maßnahme ein.

Leberwickel

Um die Entgiftung noch besser zu unterstützen und die Leber zu pflegen, sind Leberwickel toll. Tränken Sie ein kleines Handtuch in heißem Salzwasser, wringen Sie es aus und legen Sie es für ca. 30 Minuten auf den Bereich der Leber (unter die linke Brust, am seitlichen Oberbauch). Eine warme Decke, ein heißer Kräutertee und Ruhe sind eine Wohltat.

Bürstenmassagen

Duschen Sie am Morgen, dann können Sie doch gleich eine Massage mit einem

Luffa-Handschuh einlegen. So wird die Haut schön durchblutet, alte Hautschichten abgetragen und der Kreislauf aktiviert. Auch eine Massage mit einer trockenen Bürste aktiviert die Schlacken im Bindegewebe und durchblutet die Haut. Cremen Sie sich danach ein, so wird und bleibt die Haut schön zart und die Streicheleinheit schenkt gleich Entspannung.

Zungenreinigung

Unsere Zunge ist ein Ausscheidungsorgan, und insbesondere bei einer Entgiftung ist es aktiv. Dies spiegelt sich in einem leichten Belag wider. Mit einem Zungenschaber aus der Drogerie oder Apotheke können Sie die Zunge reinigen und die Ausscheidungsprodukte entfernen – am besten am Morgen vor dem Zähneputzen.

Ölziehen

Am Morgen noch vor dem Zähneputzen können Sie mit einem Esslöffel Öl Giftstoffe aus dem Körper ziehen. So können auch fettlösliche Schadstoffe ausgelöst werden. Oliven-, Sesam- oder Sonnenblumenöl sind dafür sehr gut geeignet. Dabei das Öl einige Minuten durch die Zähne hin und her ziehen und darauf kauen. Dann ausspucken, Mund ausspülen und Zähne putzen.

Heilerde zum Trinken (innere Anwendung)

Die grünlich-hellbraune Erde enthält reichlich Mineralstoffe, hat eine starke Bindeeigenschaft und nimmt so Giftstoffe und Schwermetalle durch den Darm zum Ausscheiden auf. Darüber hinaus hilft Heilerde auch bei Magen-Darm-Beschwerden wie zu viel Magensäure, Sodbrennen und auch bei Durchfall. Heilerde kann in Form von Pulver oder Kapseln aufgenommen werden. Trinken Sie bei Bedarf nach Packungsanweisung einmal täglich ein Glas Wasser mit 1–2 EL gelöster Heilerde.

Loslassen

Entspannungsübungen wie Meditation, autogenes Training oder Progressive Muskelentspannung helfen dabei, den Stress abzubauen und zu entspannen. Wichtig ist, regelmäßig zu üben. Entweder am Morgen, wenn Sie in den Tag starten, mittags für eine entspannte Pause oder abends vor dem Schlafengehen. Schon 10 Minuten, während der

Sie in sich gehen und an nichts denken, reichen aus.

Bewegen

Während der zwei Wochen ist auch ein großer Bewegungsanteil empfehlenswert, um die Fettverbrennung zu mobilisieren, den Stoffwechsel anzukurbeln, die Muskelmasse zu erhalten, die Verdauung anzuregen und den Stress abzubauen. Versuchen Sie, sich im Alltag so viel wie möglich zu bewegen: Steigen Sie Treppen, gehen Sie zu Fuß oder fahren Sie mit dem Fahrrad, treiben Sie aktiv Hausputz oder machen Sie den Spaziergang in der Mittagspause etwas flotter. Daneben ist ein gezieltes Ausdauer- und Muskelaufbautraining sinnvoll. 2- bis 3-mal ca. 30 Minuten in der Woche Ausdauertraining: Walken, Joggen, Schwimmen, Rad fahren oder Tanzen und ein- bis 2-mal 15–20 Minuten Muskeltraining. Ihre Muskeln können Sie gut zu Hause auf der Matte mit dem eigenen Körpergewicht trainieren. Kleiner Tipp von mir: Trampolinspringen macht superviel Spaß und dabei wird der Lymphfluss stark angeregt. Das sorgt für einen besseren Abtransport und Ausscheidung der Gifte.

Sonne tanken

Gehen Sie mindestens eine Viertelstunde täglich ins Freie und tanken Sie, wenn möglich, Sonne. So können Sie Ihre Vitamin-D-Speicher gut auffüllen. Vitamin D ist für die Regulation des Kalzium- und Phosphathaushalts, der Knochenbildung und für die Immunabwehr wichtig. Es wird von unserem Körper hauptsächlich selbst gebildet: Durch Sonneneinstrahlung findet eine Eigensynthese in der Haut statt.

Grün auch in der Umgebung

Nicht nur Grün auf dem Teller, sondern auch Grün in der Umgebung schenkt Freude. Besonders für die Augen wirkt die Farbe Grün wohltuend. So ist ein grünes Bild oder Foto neben dem Computer toll für eine kurze Entspannungspause, wenn die Augen viel beansprucht werden. Mein Schreibtisch steht direkt am Fenster mit dem Blick zum Hof mit vielen Bäumen. Ein Blick vom Computer in das Grün entspannt meine Augen und den Geist beim Arbeiten. Auch ein Spaziergang durch den Park, auf einer Wiese oder im Wald wirkt erfrischend und aktivierend auf Körper und Seele.

Die grüne Diät aus dem Kundalini-Yoga

Im Kundalini-Yoga gibt es verschiedene Reinigungsdiäten, u. a. die »grüne Diät«. Sie wurde von Yogi Bhajan entwickelt, der das Kundalini begründet und in den Westen gebracht hat.

Ursprünglich kommt die »grüne Diät« aus dem Ayurvedischen und benutzt die grüne Pflanzenkraft, um den Körper und die Leber zu reinigen und entgiften. Sie soll den Körper und das Blut wieder neu aufbauen. Die »grüne Diät« wird daher in den Monaten April und Mai empfohlen, dann, wenn die Pflanzen anfangen zu sprießen, eine entsprechend saftige, frische Farbe bekommen und verstärkt Chlorophyll produzieren. So kann man sich nach der kalten Jahreszeit wieder stärken und den Übergang in die warmen Monate erleichtern. Der Körper wird energetisch aktiviert und findet seine Mitte wieder.

Obwohl von »Diät« die Rede ist, steht hier nicht das Abnehmen im Fokus, sondern die Reinigung. Die »grüne Diät« soll heilen und insgesamt die Gesundheit verbessern. Auch bei dieser Diät wird eine Dauer von mindestens fünf Tagen empfohlen, damit sich der Körper umstellen kann. Besser wäre es sogar, bis zu 40 Tage lang nur grüne Lebensmittel zu essen: Salat, Avocado, Sprossen, Mungobohnen und auch gedämpftes Gemüse, grünes Obst. Insbesondere Sellerie ist beliebt, da er nervenberuhigend und entwässernd wirkt. Und auch bei der »grünen Diät« gilt: viel trinken! Am besten eignen sich heißes Wasser und/oder Yogitee. Um die Diät sanft zu beenden, isst man bei der »grünen Diät« zunächst Früchte, dann können auch wieder Getreideprodukte hinzukommen und schließlich Milchprodukte.

❖〉Feueratmung

Yoga unterstützt die Kur

Und warum Kundalini-Yoga? Die Diät wird durch verschiedene Yogaübungen unterstützt, um im Leben wieder Einklang zu finden und dem Alltag gewachsen zu sein. Spezielle Übungsreihen aus dem Kundalini-Yoga können die Reinigung – insbesondere die Blutreinigung – unterstützen und die Tätigkeit der Leber anregen. Die Kundalini-Yogalehrerin Nicole Reese hat mir eine Atemübung und drei Leberübungen verraten. Sie können sie einzeln oder als ganzes Übungsset ausführen. Besonders der Feueratem ist empfehlenswert, da so das Zwerchfell und die inneren Organe, wie z. B. die Leber und der Magen, massiert werden und die Verdauung stimuliert wird.

Feueratem

So geht's:

• Kommen Sie in den Schneidersitz. Setzen Sie sich eventuell auf die Vorderkante eines Kissens oder einer Decke, um Ihr Becken und die Wirbelsäule besser aufzurichten, halten Sie Ihren Nacken lang. Entspannen Sie die Schultern. Schließen Sie die Augen und atmen Sie einige Atemzüge sanft durch die Nase ein und aus.

- Atmen Sie lang durch die Nase ein und stoßen Sie mit der Ausatmung die Luft kräftig wieder heraus (als würden Sie in ein Taschentuch schnäuzen), während Sie dabei sanft Ihren Bauchnabel nach innen und nach oben ziehen. Mit der Einatmung entspannt sich der Nabel wieder, mit der nächsten Ausatmung ziehen Sie ihn wieder Richtung Wirbelsäule.

- Halten Sie den Fokus auf Ihre Ausatmung, das Einatmen erfolgt automatisch. Versuchen Sie, einen gleichmäßigen, schnellen, aber entspannten Rhythmus zu finden.

- Führen Sie den Feueratem mit einem dynamischen Rhythmus durch: 3–5 Runden à 30–50 Atemstöße. Gönnen Sie sich dazwischen 30–60 Sekunden Pause, während der Sie Ihren Atem natürlich fließen lassen. Entspannen Sie während der Atmung Ihr Gesicht und Ihre Schultern.

- Lassen Sie die Augen noch einige Sekunden geschlossen und atmen Sie ruhig durch die Nase ein und aus.

Tipp: Legen Sie anfangs eine Hand auf den Bauch, um die Bewegung des Nabels besser zu spüren.

Wichtig für Anfänger: Beginnen Sie am Anfang erst einmal mit 10 Atemstößen und steigern Sie die Anzahl der Runden und Stöße schrittweise. Wenn Ihnen schwindelig wird, kehren Sie zur langen, tiefen Atmung zurück. Achten Sie darauf, während des Feueratems den Bauchnabel nur sanft nach innen zu ziehen.

Vorsicht: Üben Sie den Feueratem nicht bei Bluthochdruck, wenn Sie schwanger sind und an den ersten Tagen Ihrer Periode.

Wirkung: Die Atmung wirkt reinigend, entgiftend und unterstützt den Körper, in dem sie die Verdauungsorgane aktiv massiert. Sie werden spüren, wie sie Ihnen mehr Energie schenkt und Sie wach werden, deswegen besser nicht vor dem Schlafengehen üben.

Leberübungen

1. Twist mit verschränkten Armen
So geht's:
- Kommen Sie in den Schneidersitz (oder Lotussitz) mit gekreuzten Bei-

nen. Richten Sie die Wirbelsäule gerade auf. Verschränken Sie die Finger hinter Ihrem Rücken ineinander, die Handflächen bleiben geöffnet und zeigen Richtung Decke.

- Drehen Sie einatmend Kopf, Oberkörper und Arme nach links und ausatmend nach rechts. Finden Sie einen dynamischen, schnellen Rhythmus. Atmen Sie dabei gleichmäßig und kräftig durch die Nase.

Dauer der Übung: 1–3 Minuten.
Wirkung: Massiert und aktiviert durch die Drehungen die inneren Organe. Öffnet sanft die Schulterpartie und löst Verspannungen.

2. Vorbeuge
So geht's:

- Kommen Sie in einen Sitz mit gekreuzten Beinen. Schieben Sie die Arme über den Kopf lang nach oben. Schultern von den Ohren wegziehen, dafür evtl. leicht die Ellenbogen beugen.
- Verschränken Sie die Hände über dem Kopf ineinander. Zeigefinger ausstrecken und aneinanderlegen.
- Einatmend die Arme lang nach oben ziehen, dabei Länge in den seitlichen Rippen schaffen, ausatmend mit dem Oberkörper nach links drehen und

über das linke Bein nach vorn beugen, die Stirn in Richtung Knie.
- Mit dem Einatmen den Oberkörper wieder aufrichten, ausatmend nach rechts drehen und zum rechten Knie vorbeugen usw. Arme bleiben dabei die ganze Zeit ausgestreckt und die Hände ineinander verschränkt. Sitzbeinhöcker beim Vorbeugen am Boden lassen.

Dauer der Übung: 1–3 Minuten.
Wirkung: Aktiviert die Leber, massiert die Bauchorgane und löst Wut und Anspannung. Schafft Weite in den Körperseiten.

3. Stehender Twist
So geht's:

- Im Stand die Füße etwas weiter als hüftbreit öffnen.
- Die Arme in einem 60-Grad-Winkel nach oben ausstrecken, die Ellenbogen sind gerade ausgestreckt.
- Jetzt kraftvoll mit dem Oberkörper so schnell wie möglich von links nach rechts drehen, dabei Arme in Position halten. Kräftiger Atem durch die Nase.

Dauer der Übung: 3–5 Minuten.
Wirkung: Stimuliert die Leber und die Verdauungsorgane.

Grün kochen

Jetzt kommen die Rezepte für »Detox ganz grün«. Ihr Körper bekommt nun, was er verlangt. Er kann entgiften, entschlacken und die Verdauung wird angeregt.

SMOOTHIES, DRINKS UND MÜSLIS

Start in den Tag

Beginnen Sie schon am Morgen mit einem grünen Smoothie, der wie ein purer Detox-Drink wirkt. Diejenigen, die noch nichts essen mögen, dürfen gerne einen Kräuter- oder Ingwertee trinken – das tut dem Magen gut und wirkt entgiftend. Aber auch zwischendurch wirken die Drinks und Tees entgiftend und versorgen Sie mit reichlich Flüssigkeit.

Alle, die morgens viel Hunger haben und etwas Richtiges zu essen brauchen, gönnen sich ein leichtes Müsli oder einen warmen Getreidebrei mit Obst, Nüssen und Kernen. Schmeckt köstlich, macht satt und schenkt Power für den Morgen. Die über Nacht leer gewordenen Kohlenhydratspeicher werden wieder aufgefüllt und wir können konzentriert und leistungsfähig den Tag beginnen.

◖ Apfel-Spinat-Smoothie (Seite 44)

Drink für einen wachen Geist

Kiwi-Gurken-Feldsalat-Smoothie

2 Portionen
⊘ 10 Min.

1 Handvoll Feldsalat • ½ Gurke • 1 Kiwi •
1 reife Birne • 200 ml Orangensaft • 2 EL
Zitronensaft

● Feldsalat waschen und trocken
schütteln. Gurke, Kiwi und Birne schälen und in Stücke schneiden.

● Alles zusammen mit Orangen- und
Zitronensaft in einen Standmixer geben und fein pürieren. Smoothie in
2 große Gläser füllen.

Tipp Durch die Gurke und den Feldsalat strotzt der Drink nur so vor Eisen,
Kalzium, Kalium, Magnesium und Vitamin A, B und C.

Eisenreicher Vtaminbooster

Apfel-Spinat-Smoothie

2 Portionen
⊘ 10 Min.

1 kleines Stück Ingwer • 2 getrocknete
Datteln • 1 Handvoll Blattspinat • 1 kleiner grüner Apfel • 4 Zweige Zitronenmelisse • 400 ml Apfelsaft • 1 TL Zitronensaft

● Ingwer schälen und in Stücke
schneiden. Datteln klein schneiden.
Blattspinat waschen und trocken
schütteln. Apfel waschen, halbieren,
entkernen und in Stücke schneiden.

● Alles zusammen mit 2 Zweigen Zitronenmelisse sowie dem Apfel- und
Zitronensaft in einen Standmixer geben und fein pürieren. Smoothie in
2 Gläser füllen und mit je 1 Zitronen-
melissezweig dekorieren.

Variante Auch mit Feldsalat und Kopf-
salatblättern schmeckt der Smoothie
toll.

Entgiftungssmoothie

Sellerie-Melonen-Smoothie

2 Portionen
⏱ 10 Min.

1 kleines Stück Ingwer • 200 g Galiamelone • 2 Stangen Sellerie • ½ Banane • 400 ml Apfelsaft • 1 TL Zitronensaft

● Ingwer schälen und in Stücke schneiden. Melone schälen und entkernen. Sellerie und Melone klein schneiden. Banane schälen und in Stücke schneiden.

● Alles zusammen mit dem Apfel- und Zitronensaft in einen Standmixer geben und fein pürieren. Smoothie in 2 Gläser füllen.

Variante Frieren Sie den grünen Smoothie als Eis in Stieleisbehälter ein und erfrischen Sie sich an heißen Tagen auf eine gesunde Art und Weise.

Grüne Lichtenergie pur

Minze-Weizengras-Birnen-Smoothie

2 Portionen
⏱ 10 Min.

1 grüne Birne • ½ Banane • 2 Zweige Minze • 2 TL Weizengraspulver • 400 ml Apfelsaft • 1 TL Limettensaft • 2 Minzeblätter

● Die Birne waschen, halbieren, entkernen und in Stücke schneiden. Die Banane schälen und klein schneiden.

● Alles zusammen mit den Minzeblättchen, dem Weizengraspulver sowie dem Apfel- und Limettensaft in einen Standmixer geben und fein pürieren. Smoothie in 2 Gläser füllen und mit je 1 Minzeblatt dekorieren.

Variante Hierzu würden auch Sellerieblätter, Kiwi und Melone gut passen.

Detox in flüssiger Form

Limetten-Gurken-Basilikum-Drink

2 Portionen
⊘ 5 Min.

½ Bio-Limette • 4 Zweige Basilikum •
¼ Gurke • 200 ml Apfelsaft • 300 ml
Mineralwasser

● Die Limette waschen, halbieren und
in Stücke schneiden und in 2 Gläser
geben.

● Basilikum waschen, zupfen, in die
Gläser geben und mit einem Löffel zer-
drücken. Gurke in Scheiben schneiden
und hinzufügen. Mit Apfelsaft und Mineralwasser aufgießen, kurz ziehen
lassen und servieren.

Tipp Durch die Gurke kommt in den
Drink eine ordentliche Portion basische Mineralstoffe wie Kalium, Magnesium und Kalzium.

Erfrischender Stoffwechselanreger

Pfefferminz-Ingwer-Basilikum-Drink

2 Portionen
⊘ 5 Min.

1 kleines Stück Ingwer • 2 Erdbeeren •
3 Zweige Minze • 4 Zweige Basilikum •
2 EL Limettensaft • 500 ml Mineralwasser

● Ingwer schälen und Erdbeeren
waschen, dann alles in Scheiben
schneiden.

● Minze und Basilikum waschen, zupfen und in 2 Gläser geben. Ingwer und
Erdbeeren hinzufügen, Limettensaft
und Wasser zugeben, kurz ziehen lassen und servieren.

Variante Statt Erdbeeren können Sie
auch Granatapfelkerne, Himbeeren
oder Johannisbeeren verwenden.

Erfrischende Entgiftung

Ingwer-Limetten-Zitronengras-Drink

2 Portionen
🕐 5 Min.

1 kleines Stück Ingwer • ½ Bio-Limette • ½ Stange Zitronengras • 1 Kaffir-Limettenblatt • 500 ml Wasser • 1 TL Agavendicksaft

● Ingwer waschen, in Scheiben schneiden und in einen Krug geben. Limette waschen und in Stücke schneiden. Zitronengras und Kaffir-Limettenblatt waschen, mit einem scharfen Messer einritzen und in den Krug geben.

● Das Wasser zum Kochen bringen, die Zutaten damit aufgießen und ca. 10 Min. ziehen lassen. Den Drink durch ein feines Sieb gießen und den Tee mit dem Agavendicksaft abschmecken. Heiß oder kalt genießen.

Variante Mit ein paar Blättern Zitronenmelisse kommt noch etwas mehr Frische in den Drink.

Giftstoffausschwemmer

Grüner Tee mit Minze und Kardamom

½ Liter
🕐 5 Min. + 10 Min. Ziehzeit

1 kleines Stück Ingwer • 500 ml Wasser • 3 Zweige frische Minze • 1 EL grüner Tee • 1 TL Kardamom, im Mörser zerstoßen

● Ingwer waschen, in Scheiben schneiden und in einen Krug geben. Wasser zum Kochen bringen. Minze, grünen Tee und zerstoßenen Kardamom zugeben und mit dem kochenden Wasser aufgießen.

● Den grünen Tee 10 Min. ziehen lassen. Durch ein feines Sieb geben und Tee heiß oder kalt genießen.

Tipp Ingwer und Kardamom kurbeln den Stoffwechsel und die Durchblutung so richtig an. Der grüne Tee hält lang anhaltend wach und unterstützt die Fettverbrennung.

Entgiftung par excellence

Entgiftungs-Koriander-Tee

1 Liter
⊘ 5 Min. + 10 Min. Ziehzeit

1 l Wasser • je 3 Zweige frische Minze und Koriandergrün • 1 EL getrocknete Brennnesselblätter (Apotheke) • 1 TL Koriandersamen, im Mörser zerstoßen • 1 EL Limettensaft

● Das Wasser zum Kochen bringen. Minze und Koriander waschen und mit den Brennnesselblättern und den zerstoßenen Koriandersamen in einen Krug geben. Das kochende Wasser zugeben und ca. 10 Min. ziehen lassen.

● Den Entgiftungstee durch ein feines Sieb gießen, mit dem Limettensaft vermischen und heiß oder kalt genießen.

Tipp Neben der Entgiftung werden die Verdauung und der Kreislauf angeregt.

Kraftpaket

Detox-Müsli

2 Portionen
⊘ 10 Min.

je 2 EL Hafervollkorn- und Buchweizenflocken • 1 EL Kürbiskerne • 1 EL gehackte Pistazienkerne • 1 TL Chia-Samen • 200 g Heidelbeeren • 300 g Sojajoghurt

● Flocken, Kerne und Chia-Samen vermischen. Die Heidelbeeren vorsichtig waschen.

● Sojajoghurt auf 2 Schalen verteilen. Je die Hälfte der Beeren und der Flockenmischung darauf verteilen und servieren.

Variante Statt Chia-Samen können Sie auch Leinsamen verwenden. Diese enthalten ähnlich viele Ballaststoffe und Omega-3-Fettsäuren.

Mit Buchweizencrunch
Matcha-Chia-Pudding mit Greenie-Obst

2 Portionen
🕐 15 Min. + 1 Std. Quellzeit

- 1 EL Chia-Samen
- 100 ml Mandelmilch
- ½ TL Matchapulver
- Öl zum Anrösten

- 1 EL Leinsamen, geschrotet
- 4 EL Buchweizenflocken
- 1 EL Sesamsaat

- 1 EL Agavendicksaft
- 2 Kiwis
- 100 g Weintrauben
- 200 g Sojajoghurt

● Die Chia-Samen in ein hohes Gefäß geben. Mandelmilch und Matchapulver zugeben und verrühren. Im Kühlschrank mindestens 1 Std. quellen lassen. Jeweils nach 15 Min. und nach 30 Min. gut durchrühren, damit sich keine Klümpchen bilden.

● Währenddessen Öl in einer Pfanne erhitzen. Leisamen, Buchweizenflocken, Sesam und Agavendicksaft zugeben und kurz karamellisieren lassen. Buchweizencrunch auf einen Teller oder ein Brett geben und auskühlen lassen.

● Kiwis schälen und in Würfel schneiden. Weintrauben waschen, halbieren und entkernen. Die eingeweichten Chia-Samen noch einmal gut durchrühren. Abwechselnd mit Obst, dem Crunch und dem Sojajoghurt in Gläser oder Schälchen schichten, dabei mit Obst und Crunch enden.

Tipp Chia-Samen enthalten reichlich Ballaststoffe, quellen im Magen nach und sorgen so für eine gute Sättigung. Darüber hinaus sind Sie sehr eiweiß-, eisen- und kalziumreich und strotzen nur so vor Omega-3-Fettsäuren und Antioxidanzien.

Wohlfühl-Starter am Morgen

Detox-Porridge

2 Portionen
⊘ 10 Min.

- 300 ml Mandeldrink
- 1 EL Agavendicksaft
- 1 Prise Vanillepulver
- 6 getrocknete Aprikosen
- 8 EL Buchweizenflocken
- 2 EL Leinsamen, geschrotet
- 2 Kiwis
- 100 g grüne Weintrauben
- 1 EL Pistazienkerne, gehackt

● Mandeldrink, Agavendicksaft und Vanillepulver verrühren und in einen Topf geben. Die Mischung zum Kochen bringen.

● Die getrockneten Aprikosen klein schneiden. Buchweizenflocken, Leinsamen und Aprikosenstücke unterrühren und etwa 2 Min. bei kleiner Hitze köcheln lassen. Anschließend von der Flamme nehmen und etwa 5 Min. quellen lassen.

● Kiwis schälen, halbieren und in Scheiben schneiden. Die grünen Weintrauben waschen, halbieren und entkernen. Das warme Detox-Porridge auf 2 Teller oder Schüsselchen verteilen und mit den Kiwischeiben, den Weintrauben und den Pistazienkernen servieren.

Variante Der Brei schmeckt statt mit Aprikosen auch toll mit 2 EL getrockneten Cranberries. Und statt Kiwi können Sie grünen Apfel, Birne oder Melone verwenden.

Stärkend für den Tag

Quinoa mit Apfel-Melonen-Salat

2 Portionen
⊘ 15 Min.

- 160 ml Wasser
- 80 g Quinoa
- 1 Prise Zimtpulver
- 2 EL Ahornsirup

- 150 g grüner Apfel
- 150 g Galiamelone
- 1 TL Zitronensaft
- 2 EL Mandelblätter

- 4 getrocknete Datteln
- 300 g Sojajoghurt
- 1 EL Chia-Samen

● Das Wasser zum Kochen bringen. Quinoa, Zimt und 1 EL Ahornsirup zugeben und unterrühren. Quinoa 10 Min. bei kleiner Hitze garen und anschließend etwa 5–10 Min. zugedeckt quellen lassen.

● Apfel waschen, Melone schälen und entkernen. Beides in Würfel schneiden und mit dem Zitronensaft vermischen. Mandeln in einer Pfanne anrösten. Datteln in Stücke schneiden.

● Sojajoghurt mit der Hälfte der Mandeln und 1 EL Ahornsirup vermischen. Quinoa mit einer Gabel auflockern und die Datteln zugeben. Quinoa in Schälchen füllen. Joghurt und Obst daraufgeben und mit den restlichen Mandeln und den Chia-Samen bestreuen.

Variante Das Frühstück kann auch mit Hirse zubereitet werden. Je nach Saison können Sie auch frische Beeren, grüne Birne, Kiwi oder Pomelo verwenden. Statt Datteln schmeckt das Frühstück auch mit getrockneten Aprikosen, Feigen oder Cranberries toll.

SUPPEN-GRÜN

Leichter Genuss

Frisch zubereitete Suppen mit reichlich Gemüse, Hülsenfrüchten oder Kartoffeln in Kombination mit Kokos, Nüssen, Mandelmus, Algen, Kräutern und
Gewürzen schmecken wunderbar, machen satt und versorgen unseren Körper während »Detox ganz Grün« mit
allem, was er zum Entgiften benötigt.
Und: Eine Suppe wärmt bei lästigem
Kältegefühl von innen, wie es häufig
geschieht, wenn wir den Energiegehalt
unserer täglich aufgenommenen Nahrung senken. Doch auch in die warme
Jahreszeit passen Suppen hervorragend! Gut gekühlte Suppen für heiße
Sommertage erfrischen, beleben und
machen uns wieder fit für die zweite
Tageshälfte.

Mit verschiedenen Toppings kann man
dieselbe Suppe sogar ein paar Tage
hintereinander verspeisen, ohne dass
sie langweilig wird. Und: Die meisten
Suppen lassen sich problemlos vorbereiten und man kann sie in einem gut
verschließbaren Gefäß prima mit ins
Büro nehmen.

◂◂ Avocado-Brunnenkresse-Süppchen
(Seite 56)

Scharfe Greenie-Suppe

Erbsen-Wasabi-Kokos-Suppe

2 Portionen
⊘ 20 Min.

2 mittelgroße Kartoffeln • ½ Zwiebel •
1 cm Ingwer • 1 EL Olivenöl • 500 ml
Gemüsebrühe • 200 g Erbsen • 200 ml
Kokosmilch • 1 EL Wasabipaste • 1 EL
Limettensaft • Meersalz • Pfeffer • Chili-
flocken • 20 g Kokoschips, geröstet

● Kartoffeln, Zwiebel und Ingwer putzen, schälen und in kleine Stücke
schneiden. Erst Zwiebel und Ingwer
im Öl glasig dünsten, dann die Kartoffeln zugeben. Die Brühe zugeben und
bei mittlerer Hitze ca. 10 Min. garen.
Erbsen hinzufügen und weitere 5 Min.
garen.

● Die Kokosmilch zugeben und die
Suppe mit dem Stabmixer pürieren.
Mit Wasabipaste, Limettensaft und
den Gewürzen abschmecken. Kokoschips über die Suppe streuen und servieren.

Variante Auch mit Meerrettich statt
Wasabi schmeckt die Suppe prima.

Mit Wasabi-Erbsen

Avocado-Brunnen-kresse-Süppchen

2 Portionen
⊘ 15 Min. + 30 Min. Kühlzeit

1 Avocado • 1 kleines Stück Ingwer •
3 Zweige Koriandergrün • 20 g Brunnenkresse • 1–2 EL Olivenöl • 2 EL Limettensaft • 400 ml Mandelmilch • Meersalz •
Pfeffer, frisch gemahlen • 1 Prise Chiliflocken • 30 g Wasabi-Erbsen

● Avocado halbieren, entkernen und
in Stücke schneiden. Ingwer schälen
und klein schneiden. Koriander zupfen.
Korianderblättchen und Kresse waschen, abtropfen lassen und in einen
Standmixer füllen. Avocado zugeben
und fein pürieren.

● Olivenöl, Limettensaft und Mandelmilch zugeben, mixen und mit den
Gewürzen abschmecken. Die Suppe
30 Min. kühl stellen und mit den
Wasabi-Erbsen servieren.

Tipp Avocados sind reich an Vitamin E
und ungesättigten Fettsäuren.

Eisen in flüssiger Form

Spinat-Kokos-Süpp-chen mit Goji-Beeren

2 Portionen
⊘ 20 Min.

100 g Wurzelspinat • 1 Kartoffel • 1 dau-mengroßes Stück Ingwer • 1 EL Olivenöl • 300 ml Gemüsebrühe • 200 ml Kokos-milch • je $\frac{1}{4}$ TL Kreuzkümmel- und Kori-andersamen • Meersalz • Pfeffer, frisch gemahlen • 1 TL Zitronensaft • 2 EL Goji-Beeren

● Spinat putzen, gründlich waschen und grob hacken. Kartoffel und Ingwer schälen, klein schneiden und im Öl an-dünsten. Spinat dazugeben und mit andünsten, bis er zusammenfällt. Ge-müsebrühe zugeben und 10 Min. bei kleiner Hitze garen.

● Kokosmilch hinzufügen und mit dem Stabmixer fein pürieren. Kreuz-kümmel und Koriander in einer Pfanne kurz anrösten und im Mörser zersto-ßen. Die Suppe mit den Gewürzen und dem Zitronensaft abschmecken. Mit den Goji-Beeren bestreut servieren.

Kühlender Wachmacher

Melonensuppe mit Matchacreme

2 Portionen
⊘ 15 Min. + 30 Min. Kühlzeit

100 g Galiamelone • 1 Gurke • 1 Knob-lauchzehe • 1 kleines Stück Ingwer • 3 Zweige Minze • 1–2 EL Olivenöl • 1 EL Limettensaft • Meersalz • Pfeffer, frisch gemahlen • 60 g Sojajoghurt • $\frac{1}{2}$ TL Matchapulver • 1 Prise Chiliflocken

● Die Melone schälen und entkernen. Die Gurke waschen. Gurke und Melone in Stücke schneiden. Knoblauch und Ingwer abziehen und klein schneiden. Minze zupfen. Gurke, Melone und Min-zeblättchen mit dem Stabmixer fein pürieren. Mit Olivenöl, Limettensaft, Salz und Pfeffer abschmecken.

● Die Suppe 30 Min. kühl stellen. Joghurt mit dem Matchapulver vermi-schen und mit Salz und Pfeffer wür-zen. Je 1 Klecks Matchacreme auf die Suppe geben und mit Chiliflocken be-streut servieren.

Vitalstoffe mit purem Geschmack

Bärlauchsuppe mit Kräuterpfannkuchenstreifen

2 Portionen
⊘ 20 Min.

- 3 mittelgroße Kartoffeln
- 3 EL Olivenöl
- 600 ml Gemüsebrühe
- 50 g Bärlauch
- 2 EL Mandelmus
- Meersalz
- Pfeffer, frisch gemahlen
- ½ TL Koriander, gemahlen
- 200 ml Mandelmilch
- 4 EL Buchweizenmehl
- 1 EL Kichererbsenmehl oder Sojamehl
- 1 EL Leinsamen, geschrotet
- 2 EL Kräuter, gehackt
- ¼ TL Kurkumapulver

● Kartoffeln schälen und in Stücke schneiden. 1 EL Öl in einem Topf erhitzen. Kartoffeln zugeben und andünsten. Die Brühe zugeben und bei mittlerer Hitze ca. 15 Min. weich garen.

● Bärlauch waschen, trocken schütteln und grob schneiden. Kartoffeln, Mandelmus und Bärlauch mit dem Stabmixer pürieren. Mit Salz, Pfeffer und Koriander abschmecken.

● Mandelmilch mit dem Buchweizen- und Kichererbsenmehl vermischen. Leinsamen und frische Kräuter untermischen und mit Salz, Pfeffer und Kurkuma würzen. Restliches Öl in einer Pfanne erhitzen und 6 kleine Pfannküchlein braten. Kräuterpfannkuchen aus der Pfanne nehmen, in Streifen schneiden und zur Suppe servieren.

Tipp Sind noch Pfannküchlein übrig, dann lassen Sie sie sich mit einem Aufstrich bestrichen schmecken.

Die Kraft der bitteren Gemüsearten

Bittere Gemüsearten wie Chicorée, Artischocken, Rosenkohl, Radicchio und Endivien haben eine enorme Kraft und können einiges im Körper bewirken.

Ich verwende bittere Gemüsesorten bei der Entgiftung, auch wenn sie nicht immer grün, sondern auch mal violett bis weiß daherkommen. Die Bitterstoffe in z. B. Radicchio, Brokkoli, Rukola, Chicorée, Artischocke oder Grapefruit, unterstützen die Produktion von Gallenflüssigkeit in der Leber, regen die Verdauung, insbesondere die der Fette, an und führen zu einer schnelleren Sättigung. Gleichzeitig beugen Sie Heißhungerattacken vor, da der Appetit auf Süßes vermindert wird.

Durch die Unterstützung der Verdauungsprozesse können alle Körperfunktionen beeinflusst werden, denn nur durch eine gesunde und gut funktionierende Verdauung werden alle wichtigen Nährstoffe besser absorbiert und jede Zelle bestmöglich versorgt. Darüber hinaus enthält Gemüse per se kaum Fett und Kalorien und füllt durch die reichlich vorhandenen Ballaststoffe den Magen. Das macht schön satt!

Viele Menschen mögen den bitteren Geschmack nicht sonderlich, teilweise wird die Geschmacksrichtung bitter sogar ganz abgelehnt. Und das nicht zu unrecht! Babys haben eine natürliche Abneigung gegen bittere Lebensmittel. Denn alles, was bitter schmeckt, kann auch giftig sein. Auch viele Erwachsene mögen bittere Lebensmittel nicht immer. Was sehr schade ist, da bittere Gemüsesorten und Früchte eine positive Wirkung auf den ganzen Körper haben.

Bitterstoffe weggezüchtet. Heutzutage enthalten die meisten Bittergemüse kaum noch die normale Menge an Bitterstoffen – man hat sie ihnen weggezüchtet. So schmecken Endiviensalat, Radicchio oder Chicorée nicht mehr so bitter wie früher, wie wir das als Kind vielleicht kannten. Das habe ich besonders bei Rukola festgestellt, der schmeckt in letzter Zeit weniger intensiv. Möchte man wieder mehr Bitterstoffe in den Speiseplan integrieren, sollte man bevorzugt auf Bio-Pflanzen, Kräuter und Wildpflanzen setzen. Besonders Löwenzahn oder Artischockenblätter sind reich an Bitterstoffen. Über Wildkräuter erfahren Sie im hinteren Buchteil (Seite 76) mehr.

Artischocken

Artischocken enthalten reichlich Vitamine der B-Gruppe, Vitamin E und A sowie Eisen, Kalzium, Magnesium und Phosphor. Durch den Bitterstoff Cynarin schmeckt die Artischocke fein herb. Neben ihrem Geschmack ist die Artischocke auch ein Geheimtipp, da sie bei verschiedenen Erkrankungen eingesetzt werden kann. Als Arzneipflanze kann sie in Form von Extrakt, Saft oder Tee die Fettverdauung anregen und durch das enthaltene Cynarin den Cholesterinspiegel nachweislich senken. Besonders die Verträglichkeit von Fett verbessert die Artischocke.

Darüber hinaus regt die Knospe den Appetit an und ist somit ideal als Vorspeise. Artischockenherzen können zu Salat oder zu Dips verarbeitet werden oder schmecken toll zu Pasta oder Tofu.

Chicorée und Radicchio

Da in Chicorée und Radicchio viele Mineralstoffe und Vitamine enthalten sind, gehören diese Salate zu den Top Ten der basischen Wintergemüsearten. Chicorée ist reich an Vitaminen A, B_1, B_2 und C sowie Folsäure und den Mineralstoffen Kalium, Kalzium und Magnesium. Durch den enthaltenen Bitterstoff Intybin in beiden Gewächsen verträgt man schwer verdauliche Speisen besser. Und der Stoffwechsel wird durch die Bildung und Produktion von Gallen-, Magen- und Pankreassaft angeregt. Darüber hinaus wirkt Intybin auch positiv auf die Blutgefäße. Auch durch den hohen Anteil an Ballaststoffen fördert Chicorée die Verdauung. Durch das Vitamin C können beide Bittergemüse unsere Abwehrkräfte stärken. Roh schmecken Chicorée und Radicchio toll als Salat und Knabberrohkost. Dabei ist eine Kombination mit einem fruchtigen Geschmack sehr schön: Orangen, Äpfel oder Granatapfelkerne passen toll. Auch leicht angedüns-

tet oder im Ofen gegart schmecken die bitteren Salate gut.

Endiviensalat

In Endiviensalat ist der Bitterstoff Lactucopikrin enthalten, der weitgehend in den unteren Blattteilen steckt und den Gallenfluss anregt. Mit seiner Hilfe können fettreiche Speisen besser verdaut werden. Darüber hinaus wirkt der Bitterstoff harntreibend und entwässernd. Es wurde außerdem festgestellt, dass Endiviensalat eine schmerzstillende und beruhigende Wirkung haben soll. In Endivien sind außerdem gut verwertbare B-Vitamine enthalten. Menschen mit Gicht sollten nicht zu viel von diesem Gemüse naschen, denn es sind Purine enthalten, die Gicht fördern können. Der Salat kann auch leicht angedünstet verwendet werden.

Rukola

Rukola ist seit einigen Jahren ein Superstar unter den Blattsalaten, regt ebenfalls die Verdauung an und wirkt zudem entwässernd. Schon im Mittelalter galt das Kraut als heilsam und gesund. Der intensive und würzige Geschmack entsteht durch die enthaltenen Senföle, die eine positive Wirkung auf den Körper haben: Senföle wirken beispielsweise gegen Infektionen.

Rukola ist ferner reich an Folsäure und anderen B-Vitamine. Die Blätter passen toll in Salate, können fein gehackt über verschiedene Speisen gestreut werden und schmecken auch lecker als Pesto oder fein püriert in Aufstrichen. Rukola sollte aber nur in Maßen verzehrt werden und am besten ohne Stängel, denn das Kraut kann mit Nitrat belastet sein. Wählen Sie am besten immer Freiland-Rukola aus biologischem Anbau, denn hier ist der Nitratgehalt am niedrigsten.

Löwenzahn

Die Blätter sind nicht nur etwas für Meerschweinchen, nein, auch wir Menschen profitieren von dem Kraut. Löwenzahn ist reich an Vitamin C sowie Carotin und schmeckt intensiv bitter. Durch die reichlich enthaltenen Bitterstoffe wirkt Löwenzahn entgiftend und entwässernd. Das Kraut regt die Leber, Galle und Verdauung an und hat eine blutreinigende, gallentreibende, harntreibende, antirheumatische und leicht abführende Wirkung. Die jungen Blätter schmecken vor allem vor der Blüte im Frühjahr als Salat. Zu kaufen gibt es Löwenzahn im Bioladen und auf dem Wochenmarkt. Wollen Sie ihn selber pflücken, dann am besten weit ab von stark befahrenen Straßen und Stellen, an denen Hunde ihr Geschäft verrichten. Vorsicht: Verwenden Sie nicht die Stängel mit dem weißlichen Milchsaft, dieser ist giftig.

Grapefruit und Co.

Auch in Grapefruits, Pampelmusen oder Pomelos sind Bitterstoffe enthalten, daher zählen sie zu den besonders gesunden Früchten. Der Bitterstoff Naringin wirkt sich positiv auf den Cholesterinspiegel aus und soll die Insulinempfindlichkeit verbessern. Darüber hinaus regen die Bitterstoffe die Verdauung, insbesondere die Fettverdauung, an. Dabei wird die Produktion des Magensaftes angeregt – dies trägt zu einer Verbesserung der Sättigung bei. Grapefruits und Co. schmecken pur, als Salat, zum Frühstück oder als Snack für zwischendurch. Hinweis: Durch den Verzehr von Grapefruit und Co. kann es zu Wechselwirkungen mit Medikamenten kommen. Wenn Sie regelmäßig Medikamente einnehmen, lesen Sie am besten den Beipackzettel.

Entgiftungsmotor in einem Pott

Lauch-Koriander-Mandel-Suppe

2 Portionen
⊘ 25 Min.

1 Stange Lauch • 2 mittelgroße Kartof-feln • 1 Knoblauchzehe • 2 EL Olivenöl • 6 Mandelkerne • 700 ml Gemüse-brühe • 2 EL Mandelmus • Meersalz • Pfeffer, frisch gemahlen • Majoran • Muskat, frisch gerieben • ½ TL Korian-der, gemahlen • 10 g Mandelblättchen • ½ Bund Koriandergrün, gehackt

● Lauch waschen und putzen. Kartof-feln schälen und Knoblauch abziehen. Alles in Stücke schneiden und im Öl andünsten. Die Mandelkerne zugeben. Die Brühe angießen und bei mittle-rer Hitze ca. 15 Min. weich garen. Dann das Mandelmus zugeben und mit ei-nem Stabmixer pürieren.

● Die Suppe mit den Gewürzen ab-schmecken. Mandelblättchen in einer Pfanne ohne Fett anrösten. Die Suppe mit gehacktem Koriander und Man-deln bestreuen und servieren.

◀ Wirsing-Gemüse-Curry mit Linsen

Sättigende Winterfreude

Wirsing-Gemüse-Curry mit Linsen

2 Portionen
⊘ 30 Min.

50 g grüne Linsen • Meersalz • Pfeffer, frisch gemahlen • 1 Msp. Kreuzkümmel, gemahlen • 200 g Wirsing • 100 g Brok-koli • 1 kleine Zucchini • 1 daumengroßes Stück Ingwer • 1 EL Kokosöl • 1 TL grüne vegane Currypaste • 400 ml Gemüse-brühe • 200 ml Kokosmilch • 1 Msp. Kur-kumapulver • 2 EL Kürbiskerne • 2 Zweige Dill

● Linsen mit der 2½-fachen Menge Wasser 30 Min. weich garen und ab-gießen. Linsen mit Salz, Pfeffer und Kreuzkümmel würzen.

● Wirsing in Stücke, Brokkoli in Rös-chen und Zucchini in Würfel schnei-den. Ingwer schälen und hacken. Ingwer im Kokosöl andünsten, das Ge-müse und die Currypaste zugeben und alles andünsten. Mit Brühe ablöschen und 10 Min. köcheln lassen. Kokos-milch, Salz, Pfeffer und Kurkuma zuge-ben. Curry mit Linsen und mit Kürbis-kernen und Dill bestreut servieren.

Nussiges Suppenerlebnis

Zucchini-Kokos-Süppchen

2 Portionen
⊘ 25 Min.

300 g Zucchini • 1 mittelgroße Kartoffel •
1 Zwiebel • 1 EL Olivenöl • 300 ml Gemüsebrühe • 200 ml Kokosmilch • 1 EL
Cashewmus • Meersalz • Pfeffer, frisch
gemahlen • ½ TL Kreuzkümmel, gemahlen • 1 Prise Cayennepfeffer • 30 g
Cashewkerne • 1 Kästchen Kresse

● Zucchini waschen, Kartoffel schälen
und Zwiebel abziehen. Alles in kleine
Stücke schneiden. Erst die Zwiebel im
Öl glasig dünsten, dann Gemüse und
Kartoffel zugeben und mit andünsten.
Mit der Brühe aufgießen und bei mitt-
lerer Hitze ca. 15 Min. weich garen.

● Kokosmilch und Cashewmus hinzufügen und die Suppe mit dem Stabmixer pürieren. Die Gewürze zugeben. Cashewkerne in einer Pfanne
ohne Fett anrösten. Kresse waschen,
trocken schütteln und abschneiden.
Cashewkerne und Kresse über die
Suppe streuen und servieren.

Eiweißbooster zum Sattessen

Grüne Linsensuppe

2 Portionen
⊘ 35 Min.

1 Zwiebel • 1 daumengroßes Stück Ingwer • 1 Apfel • 2 EL Sesamöl • 80 g grüne
Linsen • 400 ml Gemüsebrühe • 1 gelbe
Paprikaschote • 1 kleine Zucchini • Meersalz • Pfeffer, frisch gemahlen • 1 Prise
Cayennepfeffer • 100 ml Kokosmilch •
¼ TL Currypulver • 2 TL Limettensaft •
½ Bund Koriandergrün

● Zwiebel abziehen. Ingwer und Apfel
schälen und in kleine Stücke schneiden. Zwiebel, Ingwer und den Apfel in
1 EL Öl andünsten. Linsen und Brühe
zugeben und ca. 30 Min. zugedeckt bei
mittlerer Hitze köcheln lassen.

● Gemüse waschen, putzen, in Würfel schneiden und im restlichen Öl anbraten. Gewürze zugeben. Kokosmilch
zu den Linsen geben und kurz pürieren. Mit Currypulver, Limettensaft,
Salz und Pfeffer abschmecken. Koriander waschen und zupfen. Gemüse in
die Suppe geben und mit dem Koriander servieren.

Mit Koriandergremolata

Grünkohl-Kartoffel-Eintopf

2 Portionen
⊘ 35 Min.

1 große Kartoffel • 2 Pakchoi • 200 g Grünkohl oder Kalette • 100 g Brokkoli-röschen • 100 g Zuckerschoten • 1 Früh-lingszwiebel • 3 EL Olivenöl • 500 ml Gemüsebrühe • Saft und abgeriebene Schale von 1 Bio-Limette • 1 Prise Kur-kuma • Meersalz • 30 g gemischte Nüsse • ¼ Bund Koriandergrün, gehackt

● Kartoffel schälen, waschen und in Würfel schneiden. Pakchoi und Grün-kohl waschen und in Streifen schnei-den. Brokkoli und Zuckerschoten wa-schen und klein schneiden. Kartoffel im Öl andünsten. Brokkoli zugeben und andünsten. Brühe angießen und zugedeckt 7–10 Min. garen. Restliches Gemüse zugeben und 5 Min. garen. Suppe mit Limettensaft, Kurkuma und Salz abschmecken.

● Die Nüsse anrösten und hacken, Li-mettenabrieb mit Koriandergrün, Nüs-sen und dem restlichen Öl vermischen. Gremolata dazu servieren.

Scharfer Einheizer

Asia-Gemüse-Suppe mit Chili

2 Portionen
⊘ 35 Min.

1 Karotte • 1 daumengroßes Stück Ingwer • 1 Pakchoi • 1 Frühlingszwiebel • 100 g Zuckerschoten • 20 g Babyspinat • 1 grüne Chilischote • 1 Stängel Zitronen-gras • 1 EL Sesamöl • 500 ml Gemüse-brühe • Meersalz • Pfeffer, frisch gemah-len • 1 EL Koriandergrün, gehackt

● Karotte und Ingwer schälen, wa-schen und in dünne Streifen schnei-den. Pakchoi waschen, putzen und in Streifen schneiden. Frühlingszwie-bel und Zuckerschoten waschen und in Streifen schneiden. Spinat waschen. Chilischote waschen und in Scheiben schneiden. Zitronengras halbieren und längs einritzen.

● Karotten und Ingwer im Öl anbra-ten. Dann restliches Gemüse zugeben und alles andünsten. Brühe angießen, Zitronengras zugeben und zugedeckt 10–15 Min. garen. Suppe mit Salz und Pfeffer würzen. Mit frischem Korian-der servieren.

SALATE

Frischer Vitalstoffmix

Salate versorgen uns mit Energie und jeder Menge Vitalstoffen und sekundären Pflanzenstoffen. Rohe Greenies, Blattsalate und Blattgemüse sind vitalstoffreich, füllen den Bauch sehr gut und halten durch den hohen Ballaststoffgehalt lange satt – vor allem in Kombination mit Hülsenfrüchten, Tofu und basischem Getreide. Je nach Jahreszeit können Sie Salate vielseitig und abwechslungsreich gestalten: Ein gewisses Extra bekommen Salate mit süßen Früchten, Nüssen, Samen, Sprossen und frischen Kräutern.

Salate eignen sich prima zum Mitnehmen und versorgen uns in der Mittagspause oder beim Picknick mit grüner Power. Mittlerweile gibt es ganz wunderbare Frischhaltedosen zu kaufen, extra für Salatgenießer, die auch unterwegs nicht auf ihre Greenies verzichten möchten. Viele Salatboxen haben ein extra Döschen dabei, in das man das Dressing füllen kann, und manche haben sogar ein integriertes Kühlelement, das den Salat unterwegs frisch hält.

◁ Spargel-Erdbeer-Salat (Seite 71)

Mit Ingwerdressing
Linsen-Avocado-Salat

2 Portionen
⊘ 30 Min.

200 g grüne Linsen • 2 Frühlingszwie-beln • 1 reife Avocado • 1 daumengroßes Stück Ingwer • 3 EL Limettensaft • 3 EL Olivenöl • 1 EL Agavendicksaft • 1 TL Senf, mittelscharf • Meersalz • Pfeffer, frisch gemahlen

● Linsen in der doppelten Menge Was-ser etwa 30 Min. weich kochen. Ab-kühlen lassen. Frühlingszwiebeln wa-schen, putzen und in Ringe schneiden. Avocado halbieren, entkernen und in Würfel schneiden.

● Ingwer schälen und fein hacken. Li-mettensaft mit Ingwer, Öl, Agaven-dicksaft, Senf, Salz und Pfeffer mischen und unter die Linsen heben. Frühlings-zwiebeln zugeben und untermischen. Mit Salz und Pfeffer abschmecken. Avocadowürfel zu dem Salat servieren.

Variante Auch mit gegarten Mungo-bohnen oder Quinoa schmeckt der Salat toll und macht ordentlich satt.

Sommerliche Kräuterfrische
Grünkern-Kräuter-Salat

2 Portionen
⊘ 15 Min. + 30 Min. Garzeit

100 g Grünkern • 1 kleines Bund Ru-kola • ½ Bund Blattpetersilie • 4 Zweige frische Minze • 2 Aprikosen • 2 EL Wal-nussöl • 2 EL Apfelsaft • 1 TL Limetten-saft • 1 TL Senf, mittelscharf • 1 EL Se-samsaat, geröstet • Meersalz • Pfeffer, frisch gemahlen

● Grünkern in der doppelten Menge Wasser ca. 30 Min. weich garen, ab-gießen, 5 Min. zugedeckt ziehen las-sen und danach auskühlen lassen. Ru-kola und Kräuter waschen, trocken schütteln und grob hacken. Apriko-sen waschen, entkernen und in Spalten schneiden.

● Öl mit Apfel- und Limettensaft, Senf und Sesam vermischen und mit Salz und Pfeffer würzen. Grünkern mit Ru-kola, Kräutern, Aprikosen und Vinai-grette vermischen, kurz ziehen lassen und mit den Gewürzen abschmecken.

Mit Wasabi-Limetten-Dressing

Portulaksalat mit Quinoa

2 Portionen
⊘ 20 Min.

100 g roter Quinoa • 100 g Portulak •
2 Karotten • ¼ Bund Koriandergrün •
100 g grüne Pampelmusen- oder Orangenfilets • 1 EL Limettensaft • 2 EL Olivenöl • ½ TL Wasabipaste • 1 TL Agavendicksaft • 1 TL Sesamsaat • Meersalz •
Pfeffer, frisch gemahlen

● Quinoa mit der 2½-fachen Menge
Wasser ca. 20 Min. weich kochen, abgießen und abkühlen lassen. Portulak
waschen und grob schneiden. Karotten schälen, waschen und grob raspeln.
Koriander waschen und fein hacken.
Fruchtfilets in Stücke schneiden. Alles
vermengen.

● Limettensaft mit Olivenöl, Wasabi,
Agavendicksaft und Sesam mit einem
Schneebesen verrühren. Mit Salz und
Pfeffer würzen. Dressing über den Sa-
lat geben und servieren.

Variante Statt Portulak passt auch
Feldsalat oder Babyspinat.

Fruchtiger Entgiftungssalat

Spargel-Erdbeer-Salat

2 Portionen
⊘ 20 Min.

400 g grüner Spargel • 70 g Kopfsalat •
125 g Erdbeeren • 2 Frühlingszwiebeln •
20 g Bärlauch • 4 Zweige Dill • 1 EL Olivenöl • 1 EL Zitronensaft • 1 TL Apfelsüße • Meersalz • Pfeffer, frisch gemahlen • Sumach • 2 EL Cashewkerne

● Spargel waschen und mit einem
Sparschäler in lange Streifen schnei-
den. Kopfsalat waschen und zupfen.
Erdbeeren waschen und halbieren.

● Frühlingszwiebeln, Bärlauch und Dill
waschen und klein schneiden. Salatzutaten vermengen. Öl, Zitronensaft und
Apfelsüße vermischen, mit Salz, Pfeffer und Sumach abschmecken und mit
den Salatzutaten vermischen. Cashewkerne trocken anrösten, über den Salat
streuen und servieren.

Variante Im Winter schmeckt der Salat auch mit Schwarzwurzeln, Zitrus-
früchten und Wirsing.

Powersalat

Quinoasalat mit Melone und Avocado

2 Portionen
⊘ 30 Min.

100 g roter Quinoa • 20 g Cashewkerne • 200 g Galiamelone • 1 Avocado • 50 g Babyspinat • 20 ml Olivenöl • 20 ml Zitronensaft • 1 TL Senf • 1 TL Agavendicksaft • Meersalz • Pfeffer, frisch gemahlen • Kurkumapulver • je ¼ TL Koriander und Kardamom, gemahlen • ¼ TL Kräuter der Provence

● Quinoa mit der 2½-fachen Menge Wasser 15 Min. weich garen und anschließend abkühlen lassen. Cashewkerne in einer Pfanne trocken anrösten. Melone und Avocado schälen und in kleine Würfel schneiden.

● Spinat waschen und trocken schütteln. Die Salatzutaten miteinander vermengen. Öl, Zitronensaft, Senf und Agavendicksaft vermischen und mit den Gewürzen würzen. Salatzutaten zugeben, mischen und nochmals abschmecken.

◖ Broccoli-Edamame-Salat

Mit Limetten-Chili-Dressing

Brokkoli-Edamame-Salat

2 Portionen
⊘ 20 Min.

1 Brokkoli • 150 g Edamame oder grüne Erbsen • ½ Chilischote • 1 kleines Stück Ingwer • 1 Frühlingszwiebel • Saft und abgeriebene Schale von 1 Bio-Limette • 1 EL Sojasauce • 2 EL Sesamöl • Meersalz • Pfeffer • ½ Bund Koriandergrün, gehackt

● Brokkoli in kleine Röschen teilen und mit den Edamame in etwas Wasser ca. 10 Min. bissfest dünsten und abkühlen lassen. Chilischote und Ingwer fein hacken. Frühlingszwiebel waschen und in Stücke schneiden.

● Limettensaft und Abrieb mit Sojasauce, Öl und Chili vermischen und mit Salz und Pfeffer würzen. Brokkoli und Edamame mit Koriander und dem Dressing vermischen und servieren.

Tipp Brokkoli ist reich an knochenstärkendem Kalzium, das auch einen positiven Einfluss auf den Fettstoffwechsel haben soll.

Flüssigkeit in Salatformat

Gurken-Melonen-Salat mit Sellerie

2 Portionen
⊘ 20 Min

½ Gurke • 2 Stangen Sellerie • 200 g Galiamelone • 25 g Walnusskerne • 3 TL Kapern • 4 Zweige Dill • 2 EL Walnussöl • 2–3 EL Zitronensaft • 1 TL Agavendicksaft • Meersalz • Pfeffer, frisch gemahlen • ½ TL Szechuanpfeffer, im Mörser zerstoßen

● Gurke und Sellerie waschen. Melone schälen. Alles in Stücke schneiden. Walnusskerne grob hacken und in einer Pfanne anrösten. Alle Zutaten mit den Kapern vermischen.

● Dill waschen, zupfen und fein hacken. Öl mit Zitronensaft, Agavendicksaft und Dill verrühren. Dressing mit Salz, Pfeffer und Szechuanpfeffer würzen. Dressing mit dem Salat vermengen und abschmecken.

Variante Wollen Sie satt werden, dann braten Sie noch etwas Tofu oder kochen Kartoffeln dazu.

Frühlingserwachen

Spargel-Mungobohnen-Salat

2 Portionen
⊘ 40 Min. + 12 Std. Einweichzeit

80 g Mungobohnen • 250 g weißer Spargel • 500 g grüner Spargel • 250 g Tomaten • 50 g Rukola, gehackt • je 1 Zweig Thymian und Rosmarin, gehackt • 2 EL Kapern • 2 EL Olivenöl • 2 EL Limettensaft • 1 EL Senf • 1 TL Apfelsüße • Meersalz • Pfeffer, frisch gemahlen • 20 g Kürbiskerne

● Mungobohnen 12 Std. in Wasser einweichen, Wasser abgießen und in der 3-fachen Menge Wasser 30 Min. weich garen.

● Weißen Spargel schälen. Grünen Spargel waschen und Enden abschneiden. Spargel schräg in Stücke schneiden und in wenig Wasser 7 Min. bissfest dünsten. Tomaten in Würfel schneiden. Mungobohnen und Salatzutaten vermengen. Öl, Limettensaft, Senf, Apfelsüße, Salz, Pfeffer und Kräuter verrühren und unterheben. Kürbiskerne trocken anrösten, über den Salat streuen und servieren.

Wild und krautig (Rezeptfoto Seite 6)

Wildkräutersalat mit Linsendressing

2 Portionen
⏱ 30 Min.

50 g grüne Linsen • 20 g Brennnesseln • 20 g Löwenzahn • 1 kleiner Romanasalat • 10 g Sauerampfer • 1 Karotte • 2 EL Kürbiskerne • 30 g getrocknete Cranberries • 3 EL Walnussöl • 3 EL Apfelsaft • 1 EL Limettensaft • 1 TL Apfeldicksaft • 1 TL schwarzer Kümmel • Meersalz • Pfeffer, frisch gemahlen

● Linsen in der 2½-fachen Menge Wasser ca. 20–30 Min. kochen und abkühlen lassen. Brennnesselblätter 15 Min. in kaltes Wasser legen. Romanasalat und Wildkräuter waschen und zupfen. Karotte schälen und grob raspeln. Salat mit Kräutern, Karotten und Kürbiskernen mischen.

● Cranberries klein hacken. Öl, Apfel- und Limettensaft, Apfeldicksaft und Kümmel mischen, Linsen und Cranbeeries zugeben und mit Salz und Pfeffer abschmecken. Dressing über den Salat geben und servieren.

Superfood in einer Schüssel

Kalesalat mit Avocado und Quinoa

2 Portionen
⏱ 30 Min.

50 g rote Quinoa • 200 g zarter Grünkohl • 3 Frühlingszwiebeln • 100 g Avocadofruchtfleisch • 4 Zweige Dill • 1 EL Kürbiskerne • 2 EL Limettensaft • 3 EL Olivenöl • 1 TL Agavendicksaft • Meersalz • grüner Pfeffer, frisch gemahlen • 2 EL Goji-Beeren oder Granatapfelkerne

● Quinoa mit der 2½-fachen Menge Wasser ca. 20 Min. weich kochen, abgießen und abkühlen lassen. Grünkohl waschen und in Streifen hobeln. Frühlingszwiebeln waschen und in Ringe schneiden. Avocado in Scheiben schneiden. Dill zupfen. Quinoa, Grünkohl, Frühlingszwiebeln, Dill, Kürbiskerne und Avocado mischen.

● Limettensaft, Olivenöl, Agavendicksaft, Salz und Pfeffer verrühren. Mit den Salatzutaten vermengen und mit den Goji-Beeren bestreut servieren.

Wildkräuter – wild und voller Kraft

Wenn im Frühling die ersten warmen Sonnenstrahlen die Erde erwärmen, sprießen auch die ersten Pflänzchen. Wildkräuter zeigen sich auf Wiese und im Wald und können geerntet werden.

Wildkräuter sehen nicht nur hübsch aus, sie besitzen auch heilsame Kräfte und wirken wunderbar beim Detoxen. In Wildkräutern sind reichlich Bitterstoffe, Chlorophyll und andere, sekundäre Pflanzenstoffe enthalten, die sich positiv auf die Gesundheit auswirken können. Gerade im Frühling, wenn es praktisch noch kein Gemüse aus heimischem Anbau gibt, sind Wildkräuter eine prima Sache, um etwas Frisches auf den Teller zu bekommen. Wildkräuter kaufe ich am liebsten auf dem Wochenmarkt. Oder ich sammle sie bei einem Spaziergang selbst. Dazu bietet sich ein regenfreier, leicht temperierter Vormittag am besten an. Nässe und Hitze wirken sich negativ auf die Frische und Haltbarkeit der Kräuter aus. Die Pflanzen können mit einem scharfen Küchenmesser oder einer Schere geerntet werden. Bewahren Sie die geernteten Wildkräuter in einem Körbchen oder Stoffbeutel auf, bis Sie wieder zu Hause sind. Vor dem Verarbeiten werden sie unter fließendem Wasser gut abgespült, trocken geschüttelt und nach Belieben zubereitet.

Unbedenklich sammeln

• Sammeln Sie nur Kräuter, die Sie wirklich kennen. Sind Sie sich unsicher, lassen Sie die Pflanzen lieber stehen, sie könnte giftig sein. Sind Sie Anfänger, würde ich begleitete Wildkräuterführungen empfehlen. Auch Pflanzenbestimmungsbücher oder Apps helfen beim Erkennen der Pflanzen.

- Sammeln Sie nur in Bereichen, die unbelastet, nicht befahren sind oder nicht für den Hundespaziergang genutzt werden. Das sind am besten unbewirtschaftete Flächen, Wildwiesen oder Wegesränder im Wald.
- Schneiden Sie nur ein Drittel der Pflanze bzw. nur so viel, wie Sie benötigen, ab.
- Stark verschmutzte, angefressene oder nasse Kräuter pflücken Sie besser nicht.
- Bereiten Sie direkt nach dem Sammeln die Pflanzen zu, denn sie welken schnell.

Folgende Kräuter können Sie bedenkenlos sammeln und Sie finden sie in diesem Buch in einigen Rezepten wieder:
- Löwenzahnblätter
- Brennnesseln
- Sauerampferblätter
- Bärlauch
- Portulak
- Brunnenkresse
- Melisse

Aber auch Borretsch, Gänseblümchen, Giersch, Gundermann oder Spitzwegerich sind leckere Kräuter zum Sammeln und Essen.

Ungewohnt bitter. Wildkräuter besitzen einen intensiven und meist stark bitteren Geschmack, der am Anfang erst einmal ungewohnt sein kann. Verwenden Sie für den ersten Geschmackstest nur kleine Mengen und steigern Sie die Kräutermenge von Mahlzeit zu Mahlzeit. Wildkräuter sind grundsätzlich geeignet für unterschiedliche Zubereitungsweisen: für Salate, Pestos, Aufstriche, Smoothies oder in Suppen und über Gemüsegerichte gestreut –alles lecker.

Brennnesseln

Hier können Sie ruhig mutig sein und die Blätter mit Handschuhen ernten, denn die Blätter enthalten viel Eisen, Kalzium, Carotin und Vitamin C. Sie wirken entwässernd, blutzuckersenkend und sollen Giftstoffe aus dem Körper spülen. Sammeln Sie Pflanzen, die noch vor der Blüte stehen und wässern Sie die Blätter gut und dämpfen oder dünsten Sie die Blätter, dann verlieren sie die Substanzen, die das Brennen verursachen. Brennnesseln schmecken schön würzig in Suppen, lassen sich aber auch wie Spinat verarbeiten und sind köstlich in Bratlingen (Brennnessel-Plätzchen, Seite 88) oder Pastasaucen. Die getrockneten Blätter können als Tee aufgebrüht und als Entgiftungstee verwendet werden.

Melisse

Melisse – insbesondere die Zitronenmelisse – kennen wir als Deko bei Desserts. Aber durch das zitronig-frische Aroma kann die Melisse mehr als nur hübsch aussehen. Ihre ätherischen Öle und Bitterstoffe besitzen eine Heilkraft gegen Kopfschmerzen und Nervosität. Melisse wirkt krampflösend und verdauungsfördernd. Zitronenmelisse kommt in Drinks, Smoothies, Salaten, Dessert-Cremes oder als Pesto gut an.

Bärlauch

Durch die enthaltenen ätherischen Öle und Mineralstoffe wirkt das knoblauchähnlich schmeckende Kraut darmregulierend, blutbildend, reinigend, anregend und blutdrucksenkend. Zudem neutralisiert es freie Radikale und stärkt die Immunabwehr. Bärlauch schmeckt toll zu Gemüse, in Saucen, als Dip oder im Salat.

Sauerampfer

Als Kind habe ich auf der Wiese hinter unserem Haus Sauerampfer genascht und fand den sauren Geschmack immer lecker. Was ich als Kind nicht wusste: Durch das enthaltene Vitamin C und die Mineralstoffe Magnesium und Kalium und das Spurenelement Eisen aktiviert das Kraut den Stoffwechsel. Zudem hat Sauerampfer eine harntreibende und blutreinigende Wirkung. Die jungen Sauerampferblätter sollten im Frühling vor der Blüte geerntet werden und besitzen ein fein-säuerliches Aroma. Die Blätter schmecken roh in Salaten (Sauerampfer-Portulak-Salat, Seite 81) oder ge-

Oxalsäure

Sauerampfer enthält (leider) auch viel Oxalsäure. Das merkt man auch am stumpfen Gefühl an den Zähnen. Oxalsäure bindet Mineralstoffe wie Kalzium und Eisen. Diese können dann vom Körper nicht mehr aufgenommen werden und darüber hinaus kann die Säure den Zahnschmelz angreifen.

Außerdem wird empfohlen, dass Personen mit Nierensteinen, Gicht, einem erhöhten Eisenbedarf oder Rheumatiker nur kleine Mengen Sauerampfer essen oder ganz darauf verzichten sollen, da die Inhaltsstoffe im Sauerampfer zu einer Verschlechterung der Symptome führen können. Auch Kinder sollten nicht zu viel rohen Sauerampfer essen – die Säure kann bei Kindern schneller als bei Erwachsenen zu gemeinen Bauchschmerzen führen.

Der Oxalsäuregehalt lässt sich aber auch verringern: Beim Kochen geht ein Teil ins Kochwasser über, das dann weggeschüttet werden sollte.

gart in der Suppe lecker. Vorsicht: Sauerampfer kann in großen Mengen giftig wirken!

Portulak

Die zarten Blätter mit dem langen Stiel haben einen milden und leicht mineralischen Geschmack. Die Blätter liefern Eisen und Omega-3-Fettsäuren und wirken antibakteriell, blutreinigend, harntreibend und sogar Darmbeschwerden entgegen. Die Blättchen schmecken toll als Salat (Portulaksalat mit Quinoa,

Seite 71), in Suppen, Saucen oder im Smoothie.

Brunnenkresse

Wenn der erste Frost vorbei ist, kann im Mai Brunnen- oder Wasserkresse geerntet werden. Die leicht bitter und würzig-scharf schmeckenden Blätter enthalten viel Vitamin C und Bitterstoffe, wie z. B. Senfölglycoside. Brunnenkresse wirkt reinigend, entgiftend und entschlackend. Brunnenkresse schmeckt toll in Salaten, Suppen und Saucen.

Säuerlich und süß zugleich

Romanescosalat mit Himbeeren

2 Portionen
⊘ 20 Min.

1 Romanesco • 1 Zweig Zitronenthymian • 1 EL Zitronensaft • 2 EL Mandelmus • Meersalz • Pfeffer, frisch gemahlen • 50 g Himbeeren • 2 EL Mandelblätter, geröstet

● Romanesco in kleine Röschen teilen und in etwas Wasser ca. 7–10 Min. bissfest dünsten und abkühlen lassen.

● Thymianblätter abzupfen. Zitronensaft mit Mandelmus vermischen. Thymian, Salz und Pfeffer zugeben und unterrühren. Romanesco mit dem Dressing vermischen und mit Himbeeren und Mandeln bestreut servieren.

Variante Probieren Sie doch auch mal Cashewmus und Cashewkerne statt Mandeln.

Mit Erdbeer-Minz-Vinaigrette

Sauerampfer-Portulak-Salat

2 Portionen
⊘ 15 Min.

50 g Portulak • 10 g Sauerampfer • 50 g Kopfsalat • 100 g Erdbeeren • 2 Zweige Minze • 20 g Pistazienkerne • 1 EL Limettensaft • 2 EL Olivenöl • Meersalz • 1 Prise grüner Pfeffer, frisch gemahlen

● Portulak, Sauerampfer und Kopfsalat waschen, trocken schütteln und grob zupfen. Erdbeeren waschen und in kleine Würfel schneiden. Minze waschen, trocken schütteln, zupfen und fein hacken.

● Pistazien grob hacken. Erdbeeren mit Minze, Pistazien, Limettensaft und Öl vermengen und mit Salz und Pfeffer würzen. Die Vinaigrette über den Salat geben und servieren.

Tipp Wussten Sie, dass Portulak auch Eisen und Omega-3-Fettsäuren liefert? Das Kraut kann auch zu Pesto oder Smoothies verarbeitet werden.

◀◀ Sauerampfer-Portulak-Salat

Herb-süßer Salat mit Pfiff

Pomelo-Wirsing-Salat mit Kresse

2 Portionen
⊘ 20 Min.

300 g zarter Wirsing • 50 g Feldsalat •
1 Grapefruit oder Pampelmuse • 3 EL
Olivenöl • 3 EL Apfelsaft • 1 TL Agavendicksaft • 1 TL Senfsamen, im Mörser
zerstoßen • 1 Kästchen Gartenkresse •
Meersalz • Pfeffer, frisch gemahlen

● Wirsing waschen und in Streifen hobeln. Feldsalat gründlich waschen und
trocken schütteln. Grapefruit schälen,
Filets aus den Trennhäuten schneiden,
den Saft dabei auffangen. Filets in Stücke schneiden. Wirsing, Feldsalat und
Filets vermengen.

● Grapefruitsaft, Olivenöl, Apfelsaft,
Dicksaft und Senfsamen vermischen.
Kresse waschen, abschneiden und zugeben. Mit Salz und Pfeffer abschmecken. Salatzutaten mit dem Dressing
vermengen.

Tipp Ein toller Wintersalat, der das
Immunsystem stärkt.

Mit Ingwer-Basilikum-Dressing

Chicorée-Trauben-Salat

2 Portionen
⊘ 15 Min.

2 Chicorée • 1 Bund Frühlingszwiebeln •
100 g grüne Weintrauben • 50 g blaue
Weintrauben • 1 Bund Basilikum • 1 daumengroßes Stück Ingwer • 1 Knoblauchzehe • Saft und abgeriebene Schale von
1 Bio-Zitrone • 2 EL Olivenöl • 1 TL Senf •
1 EL Agavendicksaft

● Chicorée und Frühlingszwiebeln
putzen und waschen. Chicorée halbieren, Strunk entfernen und in feine
Streifen schneiden. Frühlingszwiebeln
in Ringe schneiden.

● Weintrauben waschen, halbieren
und entkernen. Basilikum waschen,
trocken schütteln und fein hacken. Ingwer und Knoblauch schälen und fein
hacken. Basilikum, Ingwer, Knoblauch,
Zitronensaft und -abrieb mit Öl, Senf
und Agavendicksaft vermischen und
mit den Salatzutaten gut vermengen.

Tipp Basilikum wirkt entzündungshemmend und verdauungsfördernd.

Mit Pistazien-Basilikum-Dressing

Kohlrabi-Radieschen-Salat

2 Portionen
⊘ 15 Min.

2 Kohlrabi mit Grün • 1 Bund Radieschen mit Grün • 50 g Rukola • 10 g Pistazienkerne • 2 Zweige Basilikum • 2 EL Olivenöl • 2 EL Limettensaft • 1 TL Agavendicksaft • Meersalz • Pfeffer, frisch gemahlen • 2 EL Radieschensprossen

● Kohlrabi schälen und in dünne Scheiben schneiden. Radieschen putzen und grob schneiden. Schöne Radieschenblätter, schönes Kohlrabigrün und Rukola waschen und grob schneiden. Alles miteinander vermengen.

● Pistazien und Basilikum hacken und mit Öl, Limettensaft und Agavendicksaft vermischen. Mit Salz und Pfeffer würzen. Dressing mit dem Gemüse vermischen und abschmecken. Salat mit den Sprossen bestreut servieren.

Tipp Insbesondere in den Blättern von Radieschen und Kohlrabi stecken jede Menge Vitamine und Mineralstoffe!

Sprossen und Gemüse

Zucchini-Kohlrabi-Sprossen-Salat

2 Portionen
⊘ 20 Min.

1 Zucchini • 3 EL Olivenöl • Meersalz • grüner Pfeffer, frisch gemahlen • ½ TL Kräuter der Provence • 1 Kohlrabi • 2 Frühlingszwiebeln • 20 g Sprossen (Alfalfa, Rote Bete oder Radieschen) • 2 EL Kapern • 1 EL Zitronensaft • 1 TL Senf • 1 TL Agavendicksaft

● Zucchini waschen, putzen und in Streifen schneiden. 1 EL Öl in einer Grillpfanne erhitzen. Zucchini darin anbraten. Mit Salz, Pfeffer und Kräutern der Provence würzen.

● Kohlrabi schälen und in Streifen schneiden. Frühlingszwiebeln waschen und in Ringe schneiden. Sprossen gründlich waschen oder ggf. blanchieren. Salatzutaten vermengen. Restliches Öl mit Kapern, Zitronensaft, Senf und Dicksaft verrühren. Mit Salz und Pfeffer würzen. Dressing mit den Salatzutaten vermischen, abschmecken und servieren.

Herbes trifft auf Süßes

Kohlrabi-Birnen-Salat mit Rukola

2 Portionen
⊘ 15 Min.

2 Kohlrabi • 1 grüne Birne • 1 Bund Rukola • 2 Zweige Thymian • 2 EL Apfelsaft • 2 EL Walnussöl • Meersalz • Pfeffer, frisch gemahlen

● Kohlrabi schälen und in dünne Scheiben schneiden. Birne waschen und in dünne Scheiben schneiden. Rukola waschen und grob hacken. Thymianblätter abzupfen. Alles miteinander vermengen.

● Apfelsaft mit dem Öl vermischen. Mit Salz und Pfeffer abschmecken. Dressing mit dem Salatzutaten vermischen und noch einmal abschmecken.

Tipp Verwenden Sie häufiger Walnussöl für Ihre Salate, denn darin sind reichlich Omega-3-Fettsäuren und andere ungesättigte Fettsäuren enthalten. Daher sollte Walnussöl auch nur für die kalte Küche verwendet werden.

◀ Zucchini-Kiwi-Carpaccio

Mit Goji-Beeren-Vinaigrette

Zucchini-Kiwi-Carpaccio

2 Portionen
⊘ 15 Min.

1 Zucchini • 3 EL Olivenöl • 1 Kiwi • 50 g Brunnenkresse • 1 EL Zitronensaft • 1 TL Senf • 1 TL Agavendicksaft • 2 EL Goji-Beeren • Meersalz • Pfeffer, frisch gemahlen • etwas frischer Thymian

● Zucchini waschen, in dünne Scheiben schneiden und kurz in einer Pfanne in 1 EL Öl anbraten. Kiwi schälen und in Scheiben schneiden. Brunnenkresse waschen und auf einem Teller verteilen. Zucchini und Kiwis fächerförmig auf die Kresse legen.

● Das restliche Öl mit Zitronensaft, Senf und Agavendicksaft vermischen. Goji-Beeren zugeben und Vinaigrette mit Salz, Pfeffer und Thymian würzen. Vinaigrette über die Scheiben verteilen und servieren.

Variante Auch mit rohen Zucchinischeiben schmeckt das Carpaccio gut. Durch das Anbraten entstehen Röstaromen und mehr Geschmack.

GREENIES IN BESTFORM

Gemüse ganz groß

Bestimmte Nährstoffe kann der Körper besser aufnehmen, wenn die Lebensmittel erhitzt bzw. gegart wurden. Beta-Carotin, eine Vorstufe von Vitamin A, das in Karotten enthalten ist, kann beispielsweise nur dann vom Körper aufgenommen werden, wenn die Karotten erhitzt wurden. Darum ist es wichtig, dass Sie einmal am Tag eine warme Mahlzeit verzehren. Ob mittags oder abends ist erst mal nicht so wichtig – Hauptsache, Ihnen bekommt's und es passt in Ihren Mahlzeitenrhythmus.

Meine Rezeptvorschläge für Greenies in Bestform sind leicht nachzukochen und größtenteils schnell zubereitet. Wenn Sie jeweils die doppelte Menge kochen und den Rest in einer gut verschließbaren Box mit ins Büro nehmen, haben Sie auch gleich das Mittagessen für den nächsten Tag parat.

◂▸ Brennnessel-Plätzchen mit Sesam (Seite 88)

Auf Okraschoten-Brokkoli-Gemüse

Brennnesselplätzchen mit Sesam

2 Portionen
⏱ 45 Min.

- 200 g Kartoffeln
- Meersalz
- 70 g Buchweizen
- je 25 g Brennnessel-
  blätter und Babyspinat
- 30 g Vollkornmehl
- 1 EL Sesamsaat

- 1–2 EL Kichererbsen-
  mehl
- Pfeffer, frisch gemahlen
- Sumach
- 1 kleine Zwiebel
- 2 Knoblauchzehen
- 30 g Pistazienkerne

- 4 EL Olivenöl
- 1 EL Mehl
- 200 ml Mandelmilch
- 1 EL Cranberries
- 200 g Okraschoten
- 200 g Brokkoli

● Kartoffeln schälen, waschen, in Stücke schneiden und in Salzwasser ca. 15 Min. weich garen. Buchweizen abspülen und ca. 15 Min. in Salzwasser weich garen. Beides abgießen und abkühlen lassen.

● Brennnesseln und Spinat waschen und fein hacken. Kartoffel durch die Kartoffelpresse drücken oder fein stampfen. Buchweizen, Vollkornmehl, Brennnesseln, Spinat, Sesamsaat und Kichererbsenmehl zugeben und verkneten. Masse mit Salz, Pfeffer und Sumach würzen.

● Zwiebel und Knoblauch abziehen und hacken. Pistazienkerne grob hacken.

1 EL Öl in einem Topf erhitzen, Zwiebel und Pistazienkerne andünsten, mit dem Mehl bestäuben und unter Rühren die Mandelmilch zugeben. Etwa 5 Min. köcheln lassen. Cranberries hacken und untermischen. Sauce mit Salz und Pfeffer abschmecken.

● Okraschoten und Brokkoli waschen, putzen, in Stücke schneiden und 1 EL Öl mit dem Knoblauch bissfest ca. 8 Min. dünsten. Mit Salz und Pfeffer würzen.

● Die Buchweizenmasse zu Bratlingen formen und im restlichen Öl goldbraun anbraten. Die Bratlinge mit dem Gemüse und der Sauce servieren.

Vitaminpaket mit Geschmack

Kalette mit Ingwer und Sesamtofu

2 Portionen
⏱ 20 Min.

300 g Kalette (Seite 14) • 1 daumengroßes Stück Ingwer • 2 EL Olivenöl • Meersalz • Pfeffer, frisch gemahlen • 1 TL Zitronensaft • 200 g Tofu • 1 EL Kichererbsenmehl • 2 EL Sesamsaat

● Kalette waschen und putzen. Ingwer schälen und hacken. 1 EL Öl in einer Pfanne erhitzen. Kalette und Ingwer zugeben und ca. 5 Min. andünsten. Mit Salz, Pfeffer und Zitronensaft abschmecken.

● Tofu in Scheiben schneiden. Kichererbsenmehl mit 2 EL Wasser in einem tiefen Teller anrühren. Sesam auf einem zweiten Teller verteilen. Tofu erst in der Kichererbsenmischung und dann im Sesam wenden. Restliches Öl in einer Pfanne erhitzen und den Tofu darin von allen Seiten goldbraun anbraten. Tofu mit dem Kalette servieren.

Schnelle Low-Carb-Nudeln

Zucchini-Tagliatelle mit Bärlauchpesto

2 Portionen
⏱ 15 Min.

1 Bund Bärlauch • 40 g Pistazienkerne • 100 ml Oliven- oder Sesamöl • 1 Bio-Limette • Meersalz • Pfeffer, frisch gemahlen • 2 Zucchini

● Bärlauch waschen, grob hacken und in einen hohen Rührbecher geben. Pistazienkerne anrösten, grob hacken und hinzufügen. Öl dazugeben und alles fein pürieren.

● Die Limette heiß abspülen, Schale abreiben und den Saft auspressen. Abgeriebene Schale und Saft untermischen und mit den Gewürzen abschmecken.

● Zucchini waschen und rundherum mit einem Schäler lange Streifen abschälen. Zucchinistreifen mit dem Pesto servieren.

Variante Die Zucchinistreifen können auch kurz in einer Pfanne mit heißem Öl angebraten werden.

Grünkohl mal anders
Grünkohl-Kartoffel-Curry

4 Portionen
⊘ 30 Min.

400 g Kartoffeln • 1 Zwiebel • 1 Knoblauchzehe • 1 daumengroßes Stück Ingwer • 400 g Grünkohl • 2 EL Sesamöl • 2 TL grüne Currypaste • 100 ml Gemüsebrühe • 400 ml Kokosmilch • 1 TL Kurkumapulver • Meersalz • Pfeffer, frisch gemahlen • ½ Bund Koriandergrün, gehackt

● Kartoffeln, Zwiebel, Knoblauch und Ingwer schälen. Kartoffeln in 1 cm große Würfel schneiden. Zwiebeln, Knoblauch und Ingwer hacken. Grünkohl waschen und in Stücke schneiden.

● Öl erhitzen. Zwiebel, Knoblauch und Ingwer andünsten, Currypaste dazugeben. Kartoffeln zugeben und ca. 5 Min garen. Brühe und Grünkohl hinzufügen und 10 Min. weitergaren. Dann Kokosmilch und Kurkuma zugeben und mit Salz und Pfeffer abschmecken. Das Curry mit Koriander servieren.

◄● Grünes Ofengemüse mit Cashewdip

Glück aus dem Ofen
Grünes Ofengemüse mit Cashewdip

2 Portionen
⊘ 30 Min.

60 g Cashewkerne • 1 Zucchini • 1 grüne Paprikaschote • 1 Fenchel • 1 Stange Sellerie • 1 Brokkoli • Öl • Meersalz • Pfeffer, frisch gemahlen • Chiliflocken • 1 Bund Blattpetersilie

● Den Backofen auf 200 Grad (Umluft 180 Grad) vorheizen. Cashewkerne in 80 ml Wasser einweichen. Gemüse putzen, waschen, in Stücke schneiden und in eine Auflaufform geben. Mit Öl beträufeln, mit Kürbiskernen bestreuen und mit Salz, Pfeffer und Chili würzen. Im Ofen ca. 15–20 Min backen. Gelegentlich umrühren.

● Blattpetersilie waschen, trocken schütteln und zupfen. Cashewkerne samt Einweichwasser und Petersilie pürieren. Mit Salz und Pfeffer würzen. Gemüse mit dem Dip servieren.

Variante Das abgekühlte Gemüse mit dem Dip vermengt schmeckt prima als Salat.

Mit Bohnen und Buchweizen-Linsen

Endiviengemüse mit Bärlauchgremolata

2 Portionen
⊘ 45 Min.

- 60 g grüne Linsen
- ½ TL Kreuzkümmel, gemahlen
- 60 g Buchweizenkörner
- 2 EL Kapern
- Meersalz
- Pfeffer, frisch gemahlen
- 200 g Endiviensalat
- 100 g grüne Bohnen
- 2 EL Olivenöl
- Saft und abgeriebene Schale von ½ Zitrone
- 2 EL Cashew- oder Mandelmus
- 20 g Bärlauch
- 30 g gemischte Nüsse

● Linsen in der 3-fachen Menge Wasser mit dem Kreuzkümmel ca. 30 Min. kochen. Nach ca. 15 Min. die Buchweizenkörner zugeben und weich garen. Gegebenenfalls etwas Wasser nachgießen. Kapern zugeben und mit Salz und Pfeffer abschmecken.

● Endiviengemüse und Bohnen waschen und putzen. Bohnen schräg halbieren, Endivien in Streifen schneiden. Bohnen in etwas Wasser ca. 7 Min. dünsten. 1 EL Öl in einer Pfanne erhitzen. Endiviengemüse und die Bohnen zugeben und ca. 5 Min. andünsten.

Gemüse mit Zitronensaft ablöschen. Cashewmus und 3–4 EL Wasser untermischen und mit Salz und Pfeffer abschmecken.

● Bärlauch waschen und grob hacken. Nüsse anrösten und grob hacken. Zitronenabrieb mit dem Bärlauch, den Nüssen und dem restlichen Öl vermischen. Bärlauchgremolata auf dem Buchweizen verteilen und zusammen mit dem Endivien-Bohnen-Gemüse servieren.

Das passt dazu Dazu schmeckt angebratener Tofu mit Sesam und Thymian.

Roh versus gegart

Fünf Portionen Gemüse und Obst sollten wir nach den Empfehlungen der Deutschen Gesellschaft für Ernährung (DGE) am Tag essen. Am besten frisch und roh.

Die Rohkostbewegung war im 20. Jahrhundert schon ein Trend und erlebt in den letzten Jahren wieder einen neuen Boom. Neu ist, dass darauf geachtet wird, die Lebensmittel nicht über 42 Grad zu erhitzen. Doch ist es gesund, nur noch Rohkost zu essen? Jein – frisches Obst und Gemüse enthalten natürlich reichlich Vitamine, Mineral-, Ballast- und sekundäre Pflanzenstoffe, die teilweise durch das Erhitzen verloren gehen können. Aber manche Inhaltsstoffe können durch das Verändern der Zellstruktur beim Garen besser aufgenommen werden. Erhitzt kann unser Organismus das Carotin der Möhren besser im Körper verarbeiten. Die Kartoffel wird durch das Umwandeln der Stärke beim Kochen besser verdaulich. Beim Garen von Spargel lösen sich die Zellwände auf und Vitalstoffe wie z. B. Polyphenole werden freigesetzt. In der Tomate ist der Farbstoff Lycopin enthalten, der in gegarten oder konzentrierten Tomatenprodukten noch viel mehr als in der frischen Tomate enthalten ist. In Spinat ist Oxalsäure enthalten, die durch Erhitzen um bis zu 50 % verringert wird.

Empfindliche Bäuche

Darüber hinaus gibt es zahlreiche Lebensmittel, die nur im gegarten Zustand von uns Menschen genießbar sind und im Rohzustand giftig sein können. Beispielsweise enthalten Kartoffeln, Auberginen und Hülsenfrüchte Giftstoffe, die durch das Erhitzen unschädlich gemacht

werden. Zudem vertragen manche empfindlichen Mägen die rohe Kost nicht sonderlich gut und bekommen durch zu viel rohes Gemüse Blähungen und andere Magen-Darm-Beschwerden. Besonders am Abend vertragen viele eine Suppe oder ein gegartes Gemüsegericht besser als eine große Schüssel Salat.

Eine ausgewogene Ernährung sollte einen Anteil von etwa 30–50 % Rohkost und den restlichen Anteil Gegartes beinhalten. So bekommt der Körper alle wichtigen Stoffe und kann diese auch gut im Darm aufnehmen. Folgende grüne Gemüsearten sind als Rohkost super:

- Blattsalat
- Gurke
- Staudensellerie
- Paprika
- Brokkoli
- Zucchini
- Kräuter

Lagern und vorbereiten

Um die wichtigen Inhaltsstoffe zu schützen und bei der Erhitzung zu erhalten, sind eine gute Lagerung und schonende Zubereitung empfehlenswert. Frisches knackiges Gemüse enthält jede Menge Vitamine und Mineralstoffe. Mit schonenden Garmethoden bleiben diese empfindlichen Vitalstoffe weitgehend erhalten. Ein weiteres Plus: viel Geschmack, mehr Biss und eine leuchtende Farbe.

Auch bei der Vorbereitung und Lagerung können Sie darauf achten, dass nicht zu viele Nährstoffe verloren gehen. Gemüse und Obst sollte beispielsweise nicht geschnitten bzw. zerkleinert und dann erst gewaschen werden. Auch zu langes Wässern schwemmt eine ordentliche Portion Vitamine und Mineralstoffe aus, z. B. bei Kartoffeln. Und: Lagern Sie Ihre Gemüsevorräte luftdicht verpackt im Kühlschrank.

Am besten ist es, frisches Gemüse erst kurz vor dem Verzehr zuzubereiten, denn auch langes Warmhalten tut den Vitalstoffen nicht gut. Darüber hinaus muss man Gemüse auch nicht immer schälen, denn in der Schale sind die meisten Vitamine und bei Bio-Ware stecken auch kaum Schadstoffe darin.

Schonend zubereiten

Für eine vitalstoffreiche und ausgewogene Ernährung ist die Auswahl der einzelnen Lebensmittel wichtig. Damit die wertvollen Nährstoffe beim Garen erhalten bleiben, ist darüber hinaus eine schonende Zubereitung ausschlaggebend. Viele Stoffe in gegartem Essen stehen dem Körper meist noch besser zur Verfügung und die Lebensmittel können gut verdaut werden. Wird jedoch das frische Gemüse und Obst in jeder Menge Flüssigkeit totgekocht, gehen ein Großteil der Nährstoffe verloren. Grund dafür ist, dass die meisten Vitamine und Mineralstoffe empfindlich gegenüber Wärme, Licht und Sauerstoff sind und dazu wasserlöslich sind. Besonders Vitamin C, Folsäure, Vitamin B_1, Kalium und Magnesium sind kleine Sensibelchen.

Dämpfen, Dünsten und Co. Dünsten in wenig Wasser oder dämpfen im Dämpfeinsatz (aus Edelstahl, gibt es für kleines Geld im Kaufhaus) – diese beiden Garmethoden sind besonders schonend und die Nährstoffe bleiben weitge-

Vitaminverlust im Vergleich

Garmethode	Verlust an Vitamin C, B_1, B_2 und B_6 im Durchschnitt
Dünsten	ca. 10–25 %
Dämpfen	ca. 10–25 %
Kochen	bis ca. 60 %
Quelle: DGE	

hend erhalten. Daneben gibt es weitere Vorteile, von denen Sie profitieren. Gegartes Gemüse mit einem ordentlichen Biss, also al dente gegart, bringt noch einen weiteren Vorteil: Es geht schnell. Oft braucht es nur wenige Minuten, bis das Gemüse fertig gegart ist. Durch die Schnelligkeit und die niedrigen Temperaturen wird zudem jede Menge Energie gespart. Das zahlt sich nicht nur für den Geldbeutel aus, sondern auch die Umwelt wird dadurch geschont. Ein besonderer und gewollter Nebeneffekt des schonenden Garens ist der Aromaerhalt.

Vitaminschonend garen

Die größten Vitaminverluste entstehen während der Ankochphase. Garen Sie das Gemüse am besten in schon heißer Flüssigkeit und verwenden Sie diese für Suppen und Saucen. So gehen die wasserlöslichen Stoffe nicht verloren. Übrigens ist tiefgekühltes Gemüse vorblanchiert und hat immer schon einen Nährstoffverlust erfahren.

Tipps gegen Vitaminkiller:

- Obst und Gemüse nicht zerkleinert waschen und lange wässern.
- Wenn die Zutaten noch nicht verarbeitet werden, diese luftdicht im Kühlschrank aufbewahren. Alternativ können Sie das frische Obst und Gemüse kurz vor dem Verzehr zubereiten.
- Garen Sie Gemüse immer so, dass es noch Biss hat, denn so bleiben der Geschmack und auch die Nährstoffe erhalten.
- Tiefgekühltes Obst und Gemüse enthalten noch jede Menge Vitamine, denn sie werden direkt nach der Ernte kurz blanchiert und eingefroren.
- Obst und Gemüse müssen nicht immer geschält werden, denn in der Schale stecken die meisten Vitamine.
- Verwenden Sie Bio-Ware, die enthält weniger Pestizide und chemische Pflanzenschutzmittel. Durch den geringeren Wassergehalt in der Bio-Ware sind dort mehr Vitamine enthalten als in konventioneller Ware.
- Zu langes Warmhalten der Speisen zerstört viele Vitamine und Mineralstoffe.

Kleine Küchlein mit Kick

Matchaküchlein mit Avocadodip

2 Portionen
⊘ 30 Min.

50 g Hirsemehl, frisch gemahlen • 50 g Buchweizenmehl, frisch gemahlen • 2 EL Kichererbsenmehl • ½ TL Weinstein-Backpulver • 100–150 ml Sojamilch • ¼ TL Kräutersalz • ½ TL Matchapulver • 100 g Avocadofruchtfleisch • 1 EL Limettensaft • 3 EL Mandelmilch • ¼ TL Kardamom, im Mörser zerstoßen • 1 Prise Chiliflocken • 2 EL Öl • 250 g Kirschtomaten

● Mehlsorten mit Backpulver, Sojamilch, Kräutersalz und Matchapulver zu einem glatten Teig verrühren. Teig ca. 20 Min. quellen lassen.

● Avocado, Limettensaft und Mandelmilch pürieren und mit Kardamom und Chili würzen. Aus dem Teig kleine Küchlein formen und im Öl goldgelb von beiden Seiten ausbacken. Tomaten waschen und halbieren. Matchaküchlein mit Dip und Tomaten servieren.

◖ Ofen-Süßkartoffel mit grüner Sauce

Grün aus Radieschenblättern

Ofen-Süßkartoffel mit grüner Sauce

2 Portionen
⊘ 30 Min.

60 g Cashewkerne • 2 große Süßkartoffeln • 2 EL Olivenöl • 3 EL Sesamsaat • Meersalz • Pfeffer, frisch gemahlen • Chiliflocken • ½ Bund Radieschen mit frischem Grün • 50 g Babyspinat

● Den Backofen auf 200 Grad (Umluft 180 Grad) vorheizen. Cashewkerne in 80 ml Wasser einweichen. Süßkartoffeln schälen, in Stücke schneiden und in eine Auflaufform geben. Mit Öl beträufeln, mit Sesam bestreuen und mit Salz, Pfeffer und Chiliflocken würzen. Im Ofen ca. 20 Min backen. Gelegentlich umrühren.

● Radieschen waschen und 1 kleine Handvoll schönes Radieschengrün beiseitelegen. Radieschen in Scheiben schneiden. Spinat waschen und trocken schütteln. Beides vermengen. Cashewkerne samt Wasser und dem Radieschengrün pürieren. Mit Salz und Pfeffer würzen. Kartoffeln mit dem Salat und der grünen Sauce servieren.

Waffeln mit Kräuter-Schmarkel
Möhrenwaffeln mit Kräuterdip

2 Portionen
⊘ 30 Min.

30 g Cashewkerne • 1 kleine Möhre • 1 EL Rapsöl • 1 EL Sojamehl • 1 TL Leinsamen, geschrotet • 50 ml Mandelmilch • Kräutersalz • 25 g Polenta • 25 g Buchweizenmehl • 3 EL Petersilie, gehackt • je ¼ TL Koriander und Kreuzkümmel, gemahlen • 40 ml Wasser • 50 g Sojajoghurt • je 1 EL Petersilie und Basilikum, gehackt • 1 Msp. Zitronenabrieb • 1 TL Zitronensaft • Meersalz • Pfeffer, frisch gemahlen • Paprikapulver

● Cashewkerne in wenig Wasser einweichen. Die Möhre fein raspeln. Öl, Sojamehl, Leinsamen, Milch und Kräutersalz verquirlen. Polenta und Mehl unterheben. Möhrenraspel, Petersilie und Gewürze zugeben, 15 Min. quellen lassen und zu Waffeln backen.

● Cashewkerne, Sojajoghurt und Kräuter pürieren. Mit Zitronensaft, -abrieb, Salz, Pfeffer und Paprika würzen.

◀ Erbsen-Zuckerschoten-Ragout

Mit Erdbeersalsa und Quinoa
Erbsen-Zuckerschoten-Ragout

2 Portionen
⊘ 30 Min.

100 g Quinoa • 1 daumengroßes Stück Ingwer • 2 Frühlingszwiebeln • 200 g frische Erbsen • 200 g Zuckerschoten • 3 EL Olivenöl • Meersalz • Pfeffer, frisch gemahlen • 1 TL rosa Pfefferbeeren • 100 g Erdbeeren • ¼ Gurke • 20 Basilikumblättchen, gehackt • 1 EL Limettensaft • 1 TL Agavendicksaft

● Quinoa in der 2½-fachen Menge Salzwasser ca. 15 Min. weich garen. Ingwer schälen und fein hacken. Frühlingszwiebeln in Stücke schneiden und Zuckerschoten schräg halbieren. Erbsen aus den Hülsen lösen. Ingwer und Gemüse in 1 EL Öl ca. 7 Min. andünsten. Mit Salz, Pfeffer und rosa Pfefferbeeren würzen.

● Für die Salsa Erdbeeren und Gurke in kleine Würfel schneiden. Basilikum zugeben und mischen. 2 EL Öl, Limettensaft und Dicksaft zugeben. Salsa auf dem Gemüse zum Quinoa servieren.

Grüner Power-Crumble

Linsen-Lauch-Nuss-Crumble

2 Portionen
⊘ 50 Min.

50 g grüne Linsen • ¼ TL Kreuzkümmel • 1 Stange Lauch • 1 EL Olivenöl • 3 EL Mandelmus • 1 TL Aceto balsamico • Meersalz • Pfeffer, frisch gemahlen • Majoran • 1 rote Zwiebel • 25 g Nüsse, gemahlen • 25 g Margarine • 25 g Buchweizenmehl

● Linsen in der 2½-fachen Menge Wasser mit Kreuzkümmel 30 Min. kochen. Lauch waschen, in Stücke schneiden und in 1 EL Öl ca. 5 Min. andünsten. Mandelmus und 100 ml Wasser zugeben und kurz weitergaren. Mit Essig, Salz, Pfeffer und Majoran würzen. Erst Linsen und dann Lauch samt Sauce in eine Auflaufform geben.

● Zwiebel abziehen, fein würfeln und mit Nüssen, Margarine, Mehl, Salz und Pfeffer verkneten. Teig über den Lauch zerbröseln und im 200 Grad heißen Ofen 10–15 Min. backen.

❮ Linsen-Lauch-Nuss-Crumble

Folsäurereicher Ofentraum

Mangold-Lauch-Süßkartoffel-Auflauf

2 Portionen
⊘ 35 Min.

1 Stange Lauch • 1 kleiner Mangold • 1 Süßkartoffel • 1 Frühlingszwiebel • 3 cm Ingwer • 1 Schalotte • 1 Knoblauchzehe • je ½ TL Koriander und Kreuzkümmel, frisch gemahlen • 1 EL Sesam • 400 ml Mandelmilch • Meersalz • Pfeffer, frisch gemahlen • je 10 g Kürbis- und Pistazienkerne, grob gehackt

● Lauch, Mangold, Frühlingszwiebel und Süßkartoffel putzen bzw. schälen und in Scheiben bzw. Streifen schneiden. Ingwer, Schalotte und Knoblauch schälen, fein hacken und in 1 EL Öl andünsten. Süßkartoffel zugeben und ca. 5 Min. andünsten. Lauch, Mangold, Frühlingszwiebel, Gewürze und Sesam zugeben und kurz mit andünsten. Mandelmilch hinzufügen und 8–10 Min. köcheln lassen. Mit Salz und Pfeffer würzen.

● Alles in eine Auflaufform füllen. Mit Kernen bestreuen und im auf 200 Grad vorgeheizten Ofen 10 Min. backen.

Viel Kalzium, Eisen und Ballaststoffe
Greenie-Mini-Pizza

2 Portionen
⊘ 40 Min.+ 1 Std. Quellzeit

- 2 EL Chia-Samen
- 200 g gemahlene Mandeln
- 2 EL Petersilie, gehackt
- 1 TL Olivenöl
- Meersalz
- 1 Frühlingszwiebel

- 1 Knoblauchzehe
- 2 getrocknete Tomaten
- 1 EL Olivenöl
- 2 EL Tomatenmark
- Pfeffer, frisch gemahlen
- Kräuter der Provence
- ½ kleine Zucchini

- 6 Okraschoten
- 200 g Kirschtomaten
- 20 g Pistazienkerne
- 2 Zweige Rosmarin
- 4 Zweige Basilikum

● Chia-Samen in 8 EL Wasser ca. 1 Std. quellen lassen, währenddessen immer mal wieder umrühren. Mandeln, Petersilie und Öl zugeben, mit Salz würzen und zu einem Teig verkneten. Den Backofen auf 180 Grad (160 Grad Umluft) vorheizen. Den Teig zu 4 Kugeln formen, auf Backpapier ausrollen und ca. 7 Min. im Ofen backen.

● Frühlingszwiebel putzen, Knoblauch abziehen und beides klein schneiden. Getrocknete Tomaten klein schneiden. Zwiebel und Knoblauch im Öl anbraten, getrocknete Tomaten und Tomatenmark zugeben und mit 50 ml Wasser ablöschen. 7 Min. köcheln lassen und würzen. Zucchini halbieren. Zucchini und Okraschoten in dünne Scheiben schneiden, Kirschtomaten halbieren.

● Backblech mit den Pizzaböden aus dem Ofen nehmen, mit der Tomatensauce bestreichen und dem Gemüse belegen. Rosmarinnadeln und Pistazien hacken und über die Pizzen streuen. Im Ofen 7–10 Min. backen. Vor dem Servieren die Pizzen mit Basilikumblättern belegen.

Variante Hier können Sie sich beim Belag austoben. Lauch, Mangold, Spinat und Brokkoli sind ebenfalls geeignet.

Gestampftes Energiebündel in Grün

Erbsenstampf mit Linsenlaibchen

2 Portionen
⊘ 30 Min.

- 60 g Cashewkerne
- 100 g rote Linsen
- je ¼ Bund Bärlauch und Schnittlauch
- 2 Frühlingszwiebeln

- 2 EL Hirseflocken oder Haferflocken
- 2 EL Sojamehl
- 1 EL Mandelmus
- Meersalz
- Pfeffer, frisch gemahlen

- Kräuter der Provence
- 2 mittelgroße Kartoffeln
- 300 g grüne Erbsen
- 2 EL Olivenöl
- ½ Bund Basilikum

● Cashewkerne in 80 ml Wasser einweichen. Linsen ca. 15 Min. in der doppelten Menge Wasser weich garen, abgießen und abkühlen lassen.

● Bärlauch und Schnittlauch waschen, trocken schütteln und fein hacken. Frühlingszwiebeln waschen und in feine Ringe schneiden. Linsen mit den Kräutern, Frühlingszwiebeln, Flocken, Sojamehl und Mandelmus gut vermengen. Die Masse mit Salz, Pfeffer und den Kräutern der Provence würzen und zu 6 kleinen Laibchen formen.

● Kartoffeln schälen, waschen und in kleine Würfel schneiden. Kartoffeln in Salzwasser ca. 20 Min. garen. 10 Min. vor Garende die Erbsen zugeben und mitgaren. Wasser abgießen. Kartoffeln und Erbsen mit dem Olivenöl zerstampfen. Mit Salz und Pfeffer würzen.

● Restliches Öl in einer Pfanne erhitzen und die Laibchen darin von beiden Seiten ca. 10 Min. anbraten. Basilikum waschen, zupfen und trocken schütteln. Cashewkerne samt Wasser und Basilikum pürieren. Mit Salz und Pfeffer würzen. Laibchen auf dem Stampf und dem Dip servieren.

Variante Der Stampf kann auch mit Bohnen oder Spinat zubereitet werden.

Gerollter Vitalstoff-Kick

Wirsingrouladen mit grüner Sauce

2 Portionen
⏱ 1 Stunde + 12 Std. Einweichzeit

- 50 g Mungobohnen
- 50 g Buchweizen
- Meersalz
- 4 große Wirsingblätter
- 1 Knoblauchzehe
- 2 Frühlingszwiebeln
- 4 getrocknete Tomaten
- 1 EL Sesamsaat
- 1 EL Tahini
- 50 g Sojajoghurt
- Pfeffer, frisch gemahlen
- Sumach
- 2 EL Olivenöl
- 1 kleine Zwiebel
- je 30 g Pistazien- und Kürbiskerne
- 1 EL Dinkelvollkornmehl
- 150 ml Cashew- oder Mandelmilch
- ½ TL Kräuter der Provence

● Mungobohnen 12 Std. in reichlich Wasser einweichen, Wasser abgießen und Mungobohnen in der 3-fachen Menge Wasser ca. 30 Min. weich garen. Abkühlen lassen. Buchweizen mit der doppelten Menge Salzwasser ca. 15 Min. garen und 5 Min. quellen lassen. Wirsingblätter waschen und im kochendem Wasser 2–4 Min. garen. 30 ml beiseitestellen. Wirsingblätter kalt abschrecken.

● Knoblauch abziehen und fein hacken. Frühlingszwiebeln in Ringe schneiden. Tomaten in kleine Stücke schneiden. Alles mit Sesam, Tahini und Sojajoghurt mischen. Mit Salz, Pfeffer und Sumach würzen. Wirsingblätter mit der Mischung füllen, fest zusammenrollen, in eine Auflaufform setzen und mit der Wirsingbrühe und 1 EL Öl beträufeln. Im auf 200 Grad vorgeheizten Ofen ca. 15 Min zugedeckt backen.

● Zwiebel abziehen, fein hacken und in 1 EL Öl andünsten. Pistazien- und Kürbiskerne grob hacken, zugeben und kurz mit andünsten. Mehl einrühren, Cashewmilch zugeben und unter Rühren aufkochen. 5 Min. köcheln lassen und mit Salz, Pfeffer und Kräutern der Provence abschmecken. Die Rouladen quer aufschneiden und mit der Sauce servieren.

In Kokossauce und Buchweizennudeln

Spargel-Pakchoi-Ragout mit Edamame

2 Portionen
⊘ 20 Min.

- 1 daumengroßes Stück Ingwer
- 250 g grüne Spargel
- 200 g Pakchoi
- 100 g frische Edamame
- 1 EL Sesamöl
- 1 EL Sesamsaat
- 1 EL Sojasauce light
- 200 ml Kokosmilch
- ½ TL Currypulver
- 1 TL Sambal Oelek
- 1 EL Limettensaft
- Meersalz
- Pfeffer, frisch gemahlen
- 4 Zweige Koriandergrün
- 150 g Soba-Nudeln (Buchweizennudeln)

● Ingwer schälen und fein hacken. Vom Spargel das untere Drittel abschneiden, den Spargel waschen und anschließend in Stücke schneiden. Pakchoi waschen, putzen und in Streifen schneiden. Edamame aus den Schoten lösen und in wenig Wasser ca. 7 Min. garen und abgießen.

● Öl in einer Pfanne erhitzen, erst Ingwer und Spargel ca. 7 Min. darin andünsten, dann Pakchoi, Edamame und Sesam zugeben. Gemüse mit Sojasauce und Kokosmilch ablöschen und mit Currypulver, Sambal Oelek, Limettensaft, Salz und Pfeffer abschmecken.

● Koriander waschen, grob hacken und unter das Ragout heben. Soba-Nudeln nach Packungsanweisung in reichlich Salzwasser ca. 5–7 Min. bissfest garen. Das Spargel-Pakchoi-Ragout mit Edamame auf den Nudeln servieren.

Variante Die Spargelsaison ist schon vorbei? Gar kein Problem, denn das Ragout schmeckt auch mit grünen Bohnen oder Kohlrabi hervorragend.

Kerniger Glücks-Wok

Grünkern-Gemüse-Wok

2 Portionen
🕐 1 Std. + 12 Std. Einweichzeit

- 100 g Mungobohnen
- 100 g Grünkern
- 200 g Brokkoli
- 200 g Pakchoi
- 2 Frühlingszwiebeln
- 100 g Mangofrucht-
  fleisch
- 1 kleine Knolle Ingwer
- 1 EL Sesamsaat, geröstet
- 1 EL Sesamöl
- 1 EL Limettensaft
- 1 EL Sojasauce
- 100 ml Gemüsebrühe
- 1 TL Wasabipaste
- 3 EL Mandelmus
- 1 TL Agavendicksaft
- Meersalz
- grüner Pfeffer, frisch
  gemahlen

● Mungobohnen 12 Std. in reichlich Wasser einweichen, Wasser abgießen und die Mungobohnen in der 3-fachen Menge Wasser ca. 30 Min. weich garen und abgießen. Grünkern in der doppelten Menge Wasser ca. 30 Min. weich garen und anschließend abgießen, zugedeckt 5 Min. nachdämpfen und anschließend auskühlen lassen.

● Brokkoli und Pakchoi putzen und waschen. Frühlingszwiebeln waschen, in Ringe schneiden und das Grün beiseitelegen. Brokkoli in kleine Röschen, Pakchoi und Mangofruchtfleisch in Streifen schneiden.

● Ingwer schälen und fein hacken. Öl in einer großen Pfanne oder einer Wok-Pfanne erhitzen. Brokkoli und Ingwer zugeben und ca. 5 Min. andünsten. Dann Mungobohnen, Pakchoi, Sesam und Mango zugeben und weitere 5 Min. weiterdünsten. Gemüse mit Limettensaft und Sojasauce ablöschen und die Brühe angießen. Wasabi, Mandelmus, Agavendicksaft und den gegarten Grünkern untermischen und mit Salz und Pfeffer würzen.

Variante Statt Grünkern können Sie auch Buchweizen, Quinoa, Hirse oder Linsen verwenden.

Mit cremigen Kräuterpilzen
Rosenkohl-Kohlrabi-Pfanne

2 Portionen
⊘ 40 Min.

- 200 g Rosenkohl
- Meersalz
- 2 mittelgroße Kartoffeln
- 1 Kohlrabi
- 1 kleine Knolle Ingwer
- 2 EL Olivenöl

- je ¼ TL Koriander, Kreuzkümmel und Kardamom, gemahlen
- Pfeffer, frisch gemahlen
- 300 g Pilze (Champignons, Kräuterseitlinge oder Pfifferlinge)

- 30 g Kürbiskerne, grob gehackt
- 2 EL Cashewmus
- 2 EL Kräutermischung, gehackt

● Rosenkohl waschen und halbieren. Rosenkohl etwa 5 Min. in Salzwasser bissfest garen.

● Kartoffeln und Kohlrabi schälen und in 1 cm große Würfel schneiden. Ingwer schälen und fein hacken. In einer großen Pfanne 1 EL Öl erhitzen und die Kartoffelwürfel und den Ingwer darin anbraten. Bei mittlerer Hitze ca. 10–15 Min. dünsten.

● Rosenkohl, Kohlrabi und Gewürzsamen zu den Kartoffeln geben und weitere 5 Min. dünsten, bis das Gemüse bissfest ist. Gemüse mit Salz und Pfeffer würzen.

● Pilze putzen, in Scheiben oder Streifen schneiden und in einer Pfanne im restlichen Öl anbraten. Dann die Kürbiskerne zugeben. Cashewmus und 200 ml Wasser zugeben, gut vermischen und die Pilze mit Salz, Pfeffer und den Kräutern würzen. Die Gemüsepfanne mit den Pilzen servieren.

Variante Auch Austern- oder Shiitakepilze passen gut dazu.

DIPS, AUFSTRICHE UND KLEINKRAM

Energie für zwischendurch

Snacks überbrücken den kleinen Hunger zwischendurch. Der meldet sich in aller Regel, wenn der Blutzuckerspiegel abzufallen droht. Werfen Sie rechtzeitig eine kleine Zwischenmahlzeit ein, halten Sie Ihren Blutzuckerspiegel konstant, so kommt erst gar kein Heißhunger auf und Sie haben genug Energie bis zur nächsten größeren Mahlzeit.

Ob Gemüsechips, Knabberkerne oder vegane Gemüsesnacks – die Kleinigkeiten sind tolle Ergänzungen zu den grünen Speisen. Und wer gerne ein kerniges Vollkornbrot mit einem vegetarischen Aufstrich genießt, ist hier genau richtig: Die basischen Aufstriche vollenden jedes Vollkornbrot und eignen sich auch prima als Frühstück oder Vesper.

❮ Wirsing-Curry-Chips (Seite 116)

Superfood-Chips

Grünkohl-Kräuter-Chips

2 Portionen
⊙ 35 Min.

300 g Grünkohl • 2 Zweige Thymian • 1 Zweig Rosmarin • 3 EL Olivenöl • Meersalz • Pfeffer, frisch gemahlen

● Den Backofen auf 180 Grad (Ober- und Unterhitze) vorheizen. Grünkohl waschen, putzen, den Strunk entfernen und die Blätter in Stücke reißen. Kräuter zupfen und hacken. Öl in eine Schüssel geben, Kräuter, Salz und Pfeffer zugeben, Grünkohlstücke hinzufügen und alles gut vermischen.

● Grünkohlchips auf einem mit Backpapier ausgelegten Backblech ausbreiten und ca. 20–30 Min. im Ofen backen. Zwischendurch die Ofentür öffnen, damit der Wasserdampf entweichen kann. Herausnehmen, abkühlen und genießen.

Variante Statt Grünkohl können Sie auch Rosenkohl oder Kalette backen.

Scharfer Knapperspaß

Wirsing-Curry-Chips

2 Portionen
⊙ 35 Min.

1 kleiner Wirsing (300 g) • 3 EL Sesamöl • 2 EL Sesamsaat • 1 TL Currypulver • 2 Prisen Chiliflocken • Meersalz • Pfeffer, frisch gemahlen

● Den Backofen auf 180 Grad (Ober- und Unterhitze) vorheizen. Wirsing waschen, den Strunk entfernen und die Blätter in Stücke reißen. Öl in eine Schüssel geben, Sesamsaat, Curry, Salz und Pfeffer zugeben, Wirsingstücke hinzufügen und alles gut vermischen.

● Wirsingchips auf einem mit Backpapier ausgelegten Backblech ausbreiten und ca. 20–30 Min. im Ofen backen. Zwischendurch die Ofentür öffnen, damit der Wasserdampf entweichen kann. Herausnehmen, abkühlen und genießen.

Das passt dazu Zu den Chips passt der Cashew-Bärlauch-Aufstrich (Seite 127) oder ein Pesto zum Dippen.

Grünes Crunchy-Erlebnis
Gewürzknabberkerne

2 Portionen
⊘ 10 Min.

je 1 Zweig Rosmarin und Thymian • je
½ TL Koriander- und Senfsamen • je 20 g
Mandel-, Kürbis- und Pistazienkerne •
1 EL Olivenöl • Meersalz • 1 TL Agavendicksaft

● Rosmarin und Thymian waschen
und trocken schütteln. Thymianblätt-
chen und Rosmarinnadeln abzupfen
und klein hacken.

● Koriander- und Senfsamen in einem
Mörser zerstoßen. Öl in einer Pfanne
erhitzen. Mandeln, Kürbiskerne und
Pistazien, Kräuter, Gewürze und Agavendicksaft zugeben und anrösten. Die
Gewürzknabberkerne anschließend
auf einen Teller geben und abkühlen
lassen.

Tipp Bewahren Sie die Kerne luftdicht
in einem Schraubglas auf, dann bleiben
sie schön knackig.

Entschlackung in Stangenform
Sellerie-Koriander-Dip mit Gemüse

2 Portionen
⊘ 15 Min.

2 Stangen Sellerie • ½ Bund Koriandergrün • 100 g Sojajoghurt • 1 Spritzer
Zitronensaft • Meersalz • Pfeffer, frisch
gemahlen • ½ Gurke • ½ Kohlrabi

● Sellerie waschen, putzen und
1 Stange in Stücke schneiden.

● Koriander waschen und die Blättchen grob zerkleinern. Selleriestücke,
gehackten Koriander und Sojajoghurt
mit einem Stabmixer fein pürieren.

● Den Dip mit Zitronensaft, Salz und
Pfeffer würzen. Verbliebene Sellerie-
stange, Gurke und Kohlrabi schälen
und in Stifte schneiden. Die Gemüse-
sticks mit dem Dip servieren.

Tipp Die Kombination von Sellerie und
Koriander wirkt doppelt entgiftend.

Energiekugeln
Hirsebällchen mit Weizengras-Dip

2 Portionen
⊘ 30 Min.

60 g Cashewkerne • 70 g Hirse • 1 Schalotte • 1 Karotte • 1 EL Sojamehl • 1 EL Sesamsaat • 1 TL Senf • 2 EL Haferflocken • Meersalz • Pfeffer, frisch gemahlen • Paprikapulver • Rapsöl • 1 TL Weizengraspulver • 3 Zweige Petersilie

● Cashewkerne in 80 ml Wasser einweichen. Hirse abspülen und 15–20 Min. in der 2½-fachen Menge weich garen, abkühlen lassen. Schalotte abziehen und fein hacken. Die Karotte waschen und raspeln. Hirse, Karotten, Sojamehl, Schalotten, Sesam, Senf und Haferflocken verkneten. Mit Salz, Pfeffer und Paprikapulver würzen. Mit feuchten Händen daraus 6–8 Bällchen formen und im heißen Öl ca. 10 Min. rundherum anbraten.

● Cashewkerne, Weizengras und Petersilie pürieren. Mit Salz und Pfeffer würzen und zu den Bällchen servieren.

◄◄ Detox-Sushi mit Quinoa

Sushi mal anders
Detox-Sushi mit Quinoa

2 Portionen
⊘ 40 Min.

100 g Quinoa • Meersalz • 1 EL Limettensaft • 1 TL Agavendicksaft • je 1 TL weißer und schwarzer Sesam und Chia-Samen • je 50 g Gurke, Avocado und Melone • 2 TL Wasabipaste • 2 Blätter Nori-Algen • 2 EL eingelegter Ingwer • 2 EL Sojasauce light

● Quinoa in der doppelten Menge Salzwasser 15 Min. garen und abkühlen lassen. Limettensaft, Agavendicksaft, Salz, Sesam- und Chia-Samen mischen und untermengen.

● Gurke, Avocado und Melone in lange Streifen schneiden. Ein Noriblatt auf eine Bambusmatte legen. Die Hälfte des Quinoa auf dem Nori-Blatt verteilen, Wasabi auf das untere Drittel streichen und mit der Hälfte der Gurke, Avocado und Melone belegen. Noriblatt aufrollen und in 6 Stücke schneiden. Mit den restlichen Zutaten genauso verfahren. Sushi mit Ingwer und Sojasauce servieren.

Stoffwechsel-Finger-Food
Pimientos mit Ingwer

2 Portionen
⊘ 10 Min.

300 g Pimientos (kleine Bratpaprika) • 1 kleines Stück Ingwer • ¼ TL Koriandersamen • 2 EL Olivenöl • 1 Prise Fleur de Sel

● Pimientos waschen und putzen. Ingwer schälen und hacken. Koriandersamen in einem Mörser zerstoßen. Öl in einer Pfanne erhitzen, Pimientos zugeben und anbraten. Ingwer und Koriander zugeben und mit anbraten. Die Pimientos mit Fleur de Sel bestreuen und servieren.

Tipp Die kleinen Paprikaschoten sind reich an Vitamin C und A und machen sich gut als Vorspeise oder Finger Food.

Mit orientalischem Touch
Grüne Oliven-tapenade

2 Portionen
⊘ 10 Min.

1 Knoblauchzehe • 80 g grüne Oliven ohne Stein • 1 EL Kapern • 1 Zweig Thymian • 2 EL Olivenöl • 2 EL Pistazienkerne • ¼ TL Sumach

● Knoblauch abziehen. Oliven, Kapern und Knoblauch grob hacken und in einen hohen Rührbecher füllen. Thymian zupfen. Die Blättchen und das Öl zugeben und pürieren. Pistazienkerne hacken und die Hälfte untermischen. Tapenade mit Pfeffer würzen, mit restlichen Pistazienkernen und Sumach bestreuen und als Dip oder Brotaufstrich servieren.

Echt abgefahren – die Biophotonen

Ohne die Sonne könnten wir nicht leben. Die Sonne ist nicht nur für unsere Stimmung verantwortlich, sie wird auch für die Produktion von Energie und Sauerstoff benötigt.

Wäre unsere Welt im Dunkeln, würden wir nicht lange überleben, denn wir brauchen die Sonne und das Licht zum Leben. Um die Sonne in Energie und Leben zu verwandeln, sind kleine Lichtteilchen vonnöten. Sie sind die »Träger des Lebenslichts« und müssen in allen lebenden Organismen vorhanden sein. Diese Informationsübermittler wirken auf den Stoffwechsel und werden auch Biophotonen genannt. Ohne Dr. Fritz-Albert Popp wüssten wir das nicht, denn er hat in den 70er-Jahren eine Hochfrequenzfotografie entwickelt und konnte damit das Licht in den Zellen der Pflanzen, Tieren und im Menschen sichtbar machen. So ging ihm ein Licht auf, wie und wodurch in den Zellen das Licht gespeichert werden kann.

Je mehr Licht, desto frischer

Es konnte so festgestellt werden, dass die Biophotonenaktivität zeigt, ob die Zellen gesund oder krank sind. Denn je mehr Licht man erkennt, desto gesünder ist das Nahrungsmittel. Je mehr Licht in den Zellen gespeichert und weitergegeben werden kann, umso gesundheitsförderlicher ist das Lebensmittel. Die Qualität unserer Lebensmittel kann so gemessen und bewertet werden. Das Licht leuchtet bei verdorbenen oder verrottenden Pflanzen weniger bis gar nicht.

Lichtreiche Nahrung

Popp bezeichnet uns Menschen als Lichtsäuger, denn die essenziellste Nah-

rungsquelle aller Lebewesen ist das Sonnenlicht. Wir profitieren von den Nahrungsmitteln als Lichtinformationsträger und müssen davon leben. In unserem Köper sterben jede Sekunde Millionen von Zellen ab, die ersetzt werden müssen. Die lichtreiche Nahrung ist dafür bestens geeignet.

Essen wir vermehrt lichtschwache Nahrungsmittel, wie Fast Food, Fertiggerichte, lange gekochte oder warm gehaltene Speisen oder verwelktes Gemüse, fehlt den Zellen der Stoff für die Erneuerung. So können Alterungsprozesse beschleunigt und Krankheiten gefördert werden.

Je grüner, desto besser

Da nur Chlorophyll das Sonnenlicht als Quelle speichern und so unsere Nahrung lebendig machen kann, ist es wichtig, reichlich grüne Nahrungsmittel zu essen. Besonders reich vorhanden ist der Pflanzenfarbstoff in grünen Pflanzen. Und wenn Chlorophyll in der Pflanze vorhanden ist, dann auch reichlich Mineralstoff in Eisen, Kalzium und Magnesium, wodurch sie basisch wirkt. Je mehr Chlorophyll, umso gesünder, vitalisierender, basischer und entgiftender ist das Lebensmittel.

Gerolltes Glück

Grüne Glücksrollen

Leckere Vital-Happen

Zucchini-Bruschetta

2 Portionen
⊘ 15 Min.

¼ Gurke • ¼ Kohlrabi • 1 kleine Karotte •
2 Blätter Eisbergsalat • 100 g Spitzkohl • 2 Frühlingszwiebeln • ½ Bund
Koriandergrün • 6 Blätter Reispapier •
3 EL Sojasauce light • 1 TL Wasabipaste •
1 TL Agavendicksaft • 1 TL Limettensaft •
Pfeffer • Koriander, gemahlen

● Gemüse waschen und in lange
dünne Streifen schneiden. Koriander
waschen, zupfen und 4–5 Blättchen
beiseitelegen. Reispapierblätter kurz in
Wasser einweichen, dann auf der Ar-
beitsfläche ausbreiten. Gemüsestreifen
und Koriander auf das untere Drittel
legen, die Seiten umklappen und fest
zusammenrollen.

● Sojasauce, Wasabi, Agavendicksaft
und Limettensaft gut vermischen und
mit Pfeffer und Koriander würzen. Koriandergrün klein schneiden und zugeben. Sauce mit den Rollen servieren.

◖◗ Grüne Glücksrollen

2 Portionen
⊘ 20 Min.

1 dicke Zucchini • 5 EL Olivenöl • Meersalz • Pfeffer, frisch gemahlen • Kräuter
der Provence • ½ Avocado • 2 Tomaten •
1 Knoblauchzehe • 4 Zweige Basilikum •
1 EL Limettensaft • 1 EL Kapern

● Zucchini waschen und schräg in
½ cm dicke Scheiben schneiden. 2 EL
Öl in einer Grillpfanne erhitzen und
die Scheiben von beiden Seiten anbraten und mit Salz, Pfeffer und Kräutern
der Provence würzen.

● Avocadofruchtfleisch und Tomaten
in kleine Würfel schneiden. Knoblauch
abziehen und fein hacken. 3 Zweige
Basilikum waschen, zupfen und klein
schneiden. Avocado, Tomaten, Knoblauch, Basilikum, restliches Öl, Limettensaft und Kapern mischen. Mit Salz
und Pfeffer würzen. Zucchinischeiben
auf einen Teller legen und die Toma-
ten-Avocado-Mischung daraufgeben
und mit den Basilikum dekorieren.

Sattmacher-Taler

Weizengras-Energie-Taler

12 Taler
⊘ 30 Min.

125 g Haferflocken • 50 g gehackte Haselnüsse und/oder Mandeln • 30 g getrocknete Aprikosen • 2–3 TL Weizengras-Pulver • 50 g Cranberries • 1 TL Mohnsamen • 80 g Agavendicksaft • 4 EL Apfelmus • 1 EL Sojamehl • 1 Prise Vanillepulver • 2 EL Vollkornweizenmehl • 1 Prise Meersalz

● Den Backofen auf 180 Grad vorheizen. Haferflocken und Nüsse in einer beschichteten Pfanne ohne Fett bei mittlerer Hitze unter Rühren leicht anrösten. Aprikosen grob hacken. Alle Zutaten in einer Schüssel gut vermischen und verkneten. (Die Masse sollte nicht zu trocken sein.)

● Von der Masse mit einem Esslöffel je ein Häufchen auf ein mit Backpapier ausgelegtes Blech setzen und mit dem Löffel platt drücken. 13 Min. abgedeckt backen und 30 Min. auskühlen lassen.

Vitalisierendes Kräuterbrot

Kräuter-Kürbiskern-Focaccia

2 Portionen
⊘ 10 Min. + 1 Std. Gehzeit + 20 Min. Backzeit

125 g Dinkelvollkornmehl • ½ TL Meersalz • ½ TL Zucker • ½ TL Kräuter der Provence • 1 TL Trockenhefe • 1 EL Sesamsaat • 2 EL Kürbiskerne • 3 EL gehackte Kräuter (Petersilie, Bärlauch, Schnittlauch) • 3 EL Olivenöl

● Alle trockenen Zutaten in eine Schüssel geben. 70 ml lauwarmes Wasser und 1 EL Öl zugeben und zu einem glatten Teig verkneten. An einem warmen Ort ½–1 Std. gehen lassen.

● Den Teig durchkneten, in 2 Stücke teilen, diese erst zu Kugeln und dann zu runden Fladen formen und auf ein mit Backpapier ausgelegtes Backblech setzen. Mit je 1 EL Öl beträufeln und im auf 200 Grad vorgeheizten Backofen auf der mittleren Schiene 15–20 Min. backen.

Variante Auch lecker mit grünen Oliven, Pistazienkernen und Kapern.

Aufstrich mit Pepp

Grüner Linsen-aufstrich

2 Portionen
⊘ 25 Min.

50 g rote Linsen • 2 EL Cashewkerne •
1 Bund Blattpetersilie • ½ rote Zwiebel •
1 Knoblauchzehe (nach Geschmack) •
50 ml Orangensaft • Currypulver • Meersalz • Pfeffer, frisch gemahlen

● Linsen in etwa 100 ml Wasser ca.
20 Min. weich kochen. Die Cashewkerne in einer Pfanne ohne Fett anrösten und anschließend hacken. Petersilie waschen, trocken schütteln und
grob hacken.

● Zwiebel und Knoblauch abziehen
und fein schneiden. Alle Zutaten in einen hohen Rührbecher geben und mit
dem Stabmixer pürieren. Mit Currypulver, Salz und Pfeffer abschmecken.

Tipp Rote Linsen eignen sich gut für
die schnelle Küche, denn sie sind
schnell gar und toll geeignet für Suppen, Saucen und Bratlinge.

Nussiger Aufstrich

Cashew-Bärlauch-Aufstrich

2 Portionen
⊘ 10 Min.

60 g Cashewkerne • 2 EL Bärlauch •
Meersalz • Pfeffer, frisch gemahlen •
Paprikapulver

● Cashewkerne in 80 ml Wasser kurz
einweichen. Bärlauch waschen, trocken schütteln und grob zerkleinern.
Cashewkerne samt Einweichwasser
und Bärlauch in einen hohen Rührbecher geben und mit dem Stabmixer
pürieren.

● Den Aufstrich mit Salz, Pfeffer und
Paprikapulver abschmecken.

Variante Ist gerade keine Bärlauch-
zeit, dann können Sie auch Petersilie,
Brennnesseln, Koriandergrün oder
Basilikum verwenden.

Grünes fürs Brot

Avocadoaufstrich

2 Portionen
⊘ 10 Min.

½ Avocado • 1 Knoblauchzehe • 2 EL Sojajoghurt • 2 TL Limettensaft • 1 getrocknete Chilischote • 1 Frühlingszwiebel • Meersalz • Pfeffer, frisch gemahlen

● Die Avocado schälen, entkernen und das Fruchtfleisch in einen hohen Rührbecher geben. Knoblauch abziehen und hacken. Knoblauch, Joghurt, Limettensaft und die Chilischote zugeben und mit dem Stabmixer pürieren.

● Frühlingszwiebel waschen, putzen, in feine Ringe schneiden und unter den Avocadoaufstrich mischen. Mit Salz und Pfeffer würzen.

Variante Sie haben keinen Sojajoghurt zur Hand? Dann nehmen Sie einfach 20 g Cashewkerne, die Sie mitpürieren.

Mit Petersilie, Bärlauch und Koriander

Dreierlei Pesto

2 Portionen
⊘ 10 Min.

Petersilien-Pistazien-Pesto
1 Bund Blattpetersilie • 40 g Pistazien

Bärlauch-Walnuss-Pesto
1 Bund Bärlauch • 40 g Walnusskerne

Koriander-Cashew-Pesto
1 Bund Koriandergrün • 40 g Cashewkerne

Für alle Pestos:
1 Knoblauchzehe • 100 ml Oliven- oder Sesamöl • Meersalz • Pfeffer, frisch gemahlen

● Kräuter waschen, zupfen und grob zerkleinern. Knoblauch abziehen und halbieren. Die Nüsse anrösten und grob hacken.

● Kräuter, Knoblauch und Nüsse in einen hohen Rührbecher füllen. Das Öl dazugeben und mit dem Stabmixer fein pürieren. Das Pesto mit Salz und Pfeffer abschmecken.

◀◀ Dreierlei Pesto

GREEN AND SWEET

Süßes Comfort-Food

Süße Extras müssen unbedingt zwischendurch sein, denn sie schmeicheln unserer Seele. Wenn wir uns zu lange kleine, süße Sünden vorenthalten, staut sich unweigerlich ein Heißhunger auf, der sich irgendwann Bahn bricht – und dann landen wir meistens nicht bei Basischem, sondern bei viel Zucker, der in unserem Körper sauer wirkt.

Besser ist es, wohldosiert und so gesund wie möglich zu naschen. Natürliche Süße aus Früchten oder durch Dicksaft, dazu reichlich Mineralstoffreiches – so kann man sich jeden Tag ohne Reue etwas Süßes gönnen. Meine Desserts und süßen Snacks sind leicht, vitalstoffreich und versorgen uns mit Vitaminen und wirken darüber hinaus größtenteils basisch.

‹ Basilikum-Eis am Stiel (Seite 133)

Indien in Grün

Mango-Matcha-Lassi

2 Portionen
⊘ 10 Min.

1 Mango • ½ Bund Basilikum • 500 ml
Mandelmilch • 1 TL Agavendicksaft • 1 TL
Limettensaft • ½ TL Matchapulver

● Mango schälen, Fruchtfleisch vom
Kern schneiden und würfeln. Basili-
kum waschen, zupfen und grob ha-
cken. Mango, Basilikum, Mandelmilch,
Agavendicksaft, Limettensaft und
Matchapulver pürieren.

Variante Statt Matchapulver passt in
den Lassi auch Weizengraspulver.

Mit Zitronenmelisse-Pesto

Weintrauben-Himbeer-Salat

2 Portionen
⊘ 10 Min.

2 EL Zitronenmelisse • 30 g Pistazienkerne • 50 ml Walnuss- oder Sesamöl •
3 EL Agavendicksaft • 1 Prise Vanillepulver • 100 g grüne Weintrauben • 1 Kiwi •
125 g Himbeeren

● Melisse waschen, zupfen und mit
Pistazien, Öl und 2 EL Agavendicksaft
fein pürieren. Mit Vanille abschmecken. Trauben waschen, halbieren
und ggf. entkernen. Kiwi schälen und
in Stücke schneiden. Himbeeren waschen. Alles vermengen und mit restlichen Agavendicksaft süßen. Pesto auf
dem Salat servieren.

Variante Auch mit Minze schmeckt
das Pesto toll.

Mit Himbeeren und Pistazien

Cashew-Kiwi-Eis

2 Portionen
⊘ 40 Min. + 3 Std. Kühlzeit

100 g Cashewkerne • 2 Kiwis • 4 EL Aga-vendicksaft • 1 Prise Vanillepulver • 1 Prise Salz • 100 g Himbeeren • 30 g Pistazienkerne

● Cashewkerne in 100 ml Wasser ca. 30 Min. einweichen. Kiwis schälen und klein schneiden.

● Casehwkerne und Kiwis mit dem Stabmixer pürieren. Mit Agavendick-saft, Vanille und Salz abschmecken. Himbeeren waschen, Pistazien grob hacken und beides unter die Masse geben. Die Masse im Gefrierschrank ca. 3 Std. einfrieren und vor dem Servieren kurz durchmixen.

Variante Hier passen auch Erdbeer-stückchen und Matchapulver dazu.

Detox-Erfrischung am Stiel

Basilikum-Eis am Stiel

2 Portionen
⊘ 10 Min. + 5 Std. Kühlzeit

4 Zweige Basilikum • 200 g Sojajoghurt • 2 EL Limettensaft • 2 EL Agavendicksaft • 2 Portions-Eisförmchen mit Stiel

● Basilikum waschen, zupfen und in einen hohen Rührbecher füllen. Soja-joghurt, Limetten- und Agavendicksaft zugeben und mit dem Stabmixer pü-rieren.

● Eisförmchen kalt ausspülen und ab-tropfen lassen, nicht trocknen. Den Ba-silikumjoghurt in die Förmchen füllen, die Stiele hineinstecken und mindes-tens 4–5 Std. oder über Nacht gefrie-ren. Vor dem Servieren Förmchen kurz in heißes Wasser tauchen und das Eis herauslösen.

Variante Das Eis schmeckt auch mit Zi-tronenmelisse, Minze oder klein ge-hackten Pistazienkernen.

Knackige Schoko-Greenies
Schoko-Crunchy

2 Portionen
⊘ 10 Min.

je 30 g Pistazien- und Kürbiskerne •
50 g Zartbitterschokolade • 1 EL Agavendicksaft • 1 Prise Vanillepulver

● Pistazien- und Kürbiskerne grob hacken und in einer Pfanne anrösten und
karamellisieren lassen.

● Die Zartbitterschokolade im heißen
Wasserbad schmelzen lassen. Dann
Agavendicksaft und Vanillepulver zugeben. Die flüssige Schokolade mit den
gehackten Kernen vermischen.

● Mit einem Teelöffel kleine Häufchen
auf ein Stück Backpapier setzen und
abkühlen lassen.

Variante Im Handel gibt es auch
vegane weiße Schokolade, die mit
den Kernen kombiniert werden kann.
Streuen Sie doch dabei noch ein paar
Blätter Zitronenmelisse dazu.

Mit Pistazien-Kürbiskern-Krokant
Grüner Obstsalat

2 Portionen
⊘ 20 Min.

2 Kiwis • 100 g Melonenfruchtfleisch •
2 frische Feigen • 1 EL Goji-Beeren •
2 EL Agavendicksaft • 1 EL Limettensaft •
15 g Pistazienkerne • 15 g Kürbiskerne •
1 Prise Thymian, getrocknet

● Kiwis schälen. Kiwis, Melone und
Feigen in Würfel bzw. Spalten schneiden und mit den Goji-Beeren, 1 EL
Agavendicksaft und dem Limettensaft
vermischen.

● Pistazien- und Kürbiskerne grob hacken und in einer Pfanne anrösten.
Restlichen Agavendicksaft zugeben
und karamellisieren lassen. Thymian
hinzufügen. Krokant auf einen Teller
geben und abkühlen lassen. Krokant in
Stücke brechen und zum grünen Obstsalat servieren.

Mit Trauben und Erdbeeren

Avocado-Limetten-Creme

2 Portionen
⊘ 10 Min.

200 g grüne Weintrauben • 100 g Erdbeeren • 2 EL Agavendicksaft • 2 Zweige Zitronenmelisse • 200 g Avocadofruchtfleisch • 1 EL Limettensaft • 50 ml Mandelmilch

● Trauben waschen, halbieren und entkernen. Erdbeeren waschen und je nach Größe halbieren oder vierteln. Trauben und Erdbeeren mit 1 EL Agavendicksaft mischen.

● Für die Creme Melisse waschen und zupfen. Die Hälfte der Melisseblättchen, Avocado, Limettensaft, Mandelmilch und restlichen Agavendicksaft mit dem Stabmixer pürieren. Creme auf 2 Gläser verteilen, das Obst auf die Creme geben und mit der restlichen Melisse servieren.

Küchlein mit Beeren

Süße Buchweizenblinis

2 Portionen
⊘ 40 Min.

100 g Buchweizenmehl, frisch gemahlen • ½ TL Weinstein-Backpulver • 100–150 ml Mandelmilch • 1 EL Sojamehl • 1 Prise Salz • ½ TL Matchapulver • 200 g Beerenobst • 2 EL Agavendicksaft • ¼ TL Kardamom, im Mörser zerstoßen • je 1 Prise Zimt- und Vanillepulver • 2 EL Rapsöl

● Mehl mit Backpulver, Milch, Sojamehl, Salz und Matchapulver zu einem glatten Teig vermischen. Den Teig ca. 20 Min. quellen lassen. Beeren waschen. Beeren mit Agavendicksaft, Kardamom, Zimt und Vanille würzen.

● 1 EL Öl in einer großen Pfanne zerlaufen lassen und drei Küchlein darin goldgelb von beiden Seiten ausbacken. Dann noch einmal mit dem restlichen Öl drei weitere Küchlein braten. Küchlein mit den Beeren servieren.

Tipp Blinis schmecken auch zum Frühstück!

Auf Avocado-Minz-Creme

Stachelbeer-Avocado-Dessert

2 Portionen
⊘ 15 Min.

300 g Stachelbeeren • 2 EL Agavendick-saft • 2 EL Apfelsaft • 1 Prise Vanillepul-ver • 1 Zweig Minze • 200 g Avocado-fruchtfleisch • 1 EL Zitronensaft • 50 ml Mandelmilch

● Stachelbeeren waschen und in einem kleinen Topf mit 1 EL Agavendick- und dem Apfelsaft ca. 5 Min. dünsten. Dann das Vanillepulver einrühren.

● Für die Creme Minze waschen und zupfen. Avocado, Zitronensaft, Mandelmilch, Minze und restlichen Agavendicksaft mit dem Stabmixer pürieren. Creme auf 2 Gläser verteilen und das Stachelbeerkompott auf die Creme geben und servieren.

Variante Statt Stachelbeeren schmecken auf der Creme auch in Apfelsüße und Vanille marinierte Trauben, Melonen oder Kiwistückchen.

◖ Stachelbeer-Avocado-Dessert

Warmer Ofenschmaus

Birnen-Kürbiskern-Crumble

2 Portionen
⊘ 35 Min.

1 große grüne Birne • 1 EL Buchweizen-vollkornmehl • 2 EL Haferflocken • 1 EL Kürbiskerne, gehackt • 1 EL Rohrzucker • 1 EL vegane Margarine • 1 Prise Vanille-pulver • 1 Prise Kardamom, gemahlen • 1 Prise Salz • 200 g Sojajoghurt • Saft und abgeriebene Schale von 1 kleinen Bio-Limette • 1 EL Agavendicksaft • 2 feuerfeste Gläser (z. B. von Weck) mit 160 ml Volumen

● Die Birne waschen, entkernen, in kleine Stücke schneiden und auf 2 feuerfeste Gläser verteilen.

● Mehl, Haferflocken, Kürbiskerne, Rohrzucker, Margarine, Gewürze zu Streuseln verarbeiten, über die Birnen-stücke bröseln und leicht andrücken. Im auf 200 Grad vorgeheizten Ofen ca. 15 Min. backen.

● Sojajoghurt mit Limettensaft, -abrieb und Agavendicksaft mischen. Die Creme auf dem Crumble servieren.

Sachverzeichnis

Rezept- und Zutatenverzeichnis

Liebe Leserin, lieber Leser,

hat Ihnen dieses Buch weitergeholfen? Für Anregungen, Kritik, aber auch für Lob sind wir offen. So können wir in Zukunft noch besser auf Ihre Wünsche eingehen. Schreiben Sie uns, denn Ihre Meinung zählt!

Ihr TRIAS Verlag

E-Mail-Leserservice
kundenservice@trias-verlag.de

Lektorat TRIAS Verlag
Postfach 30 05 04
70445 Stuttgart
Fax: 0711 89 31-748

**Bibliografische Information
der Deutschen Nationalbibliothek**
Die Deutsche Nationalbibliothek verzeichnet
diese Publikation in der Deutschen National-
bibliografie; detaillierte bibliografische Daten
sind im Internet über http://dnb.d-nb.de abruf-
bar.

Programmplanung: Uta Spieldiener
Redaktion: Anja Fleischhauer, Stuttgart
Bildredaktion: Christoph Frick

Umschlaggestaltung und Layout:
CYCLUS Visuelle Kommunikation, Stuttgart

Bildnachweis:
Umschlagfoto und Fotos im Innenteil:
Anke Schütz, Buxtehude
Foodstyling: Claudia Seifert, Hamburg

1. Auflage

© 2015 TRIAS Verlag in
MVS Medizinverlage Stuttgart GmbH & Co. KG
Oswald-Hesse-Straße 50, 70469 Stuttgart

Printed in Germany

Satz und Repro: Fotosatz Buck, Kumhausen
Gesetzt in Adobe InDesign CS6
Druck: AZ Druck und Datentechnik GmbH,
Kempten
Gedruckt auf chlorfrei gebleichtem Papier

ISBN 978-3-8304-8397-7

Auch erhältlich als E-Book:
eISBN (PDF)   978-3-8304-8398-4
eISBN (ePub) 978-3-8304-8399-1

1 2 3 4 5 6

Besuchen Sie uns auf facebook!
www.facebook.com/
trias.tut.mir.gut